ROM 360°

2003 Herausgegeben in Deutschland von
Verlag Karl Müller GmbH
Venloer Str. 1271, 50829 Köln
Tel.: 0049- 0221-13065-0
Fax: 0049- 0221-13065-210

Druck: Juni 2003, Tipografia Valdostana / Aoste, Italy

Das Foto Nr. 19 stammt von Attilio Boccazzi-Varotto

ISBN 3-89893-104-8

ROM
360°

Text / Guglielmo De Angelis d'Ossat
Fotos / Enrico Formica
Historische und Kunstgeschichtliche Recherchen
Giovanna Tavazzi

KARL MÜLLER

Text

Guglielmo De Angelis d'Ossat

Rom verdankt seiner Lage in der Mitte der italienischen Halbinsel die Zentralität, die für eine Hauptstadt emblematisch ist. Diese Beobachtung führt zu einer weniger offensichtlichen Schlussfolgerung: Die geographische Lage Roms scheint die bestmögliche für sein Klima zu sein. Hier ist der Himmel häufiger wolkenlos als andernorts und es regnet so selten, wie man es in einer großen Stadt hofft. Meteorologische Untersuchungen verdeutlichen, wie dies möglich ist. Die Perturbationen, die Italien im Allgemeinen vom Nordatlantik und von Afrika aus heimsuchen, scheinen an Kraft zu verlieren, wenn sie sich Rom nähern. Man gewinnt beinahe den Eindruck, dass sie sich von der Hauptstadt abwenden und einen Bogen um sie machen. Ich habe nie eine Statistik gesehen, die sich mit dieser Angelegenheit befasst. Offensichtlich ist es jedoch eine Tatsache, dass das Wetter freundlicher wird, je näher man Rom kommt. Das hat allerdings nichts mit den Sternen zu tun, an die heutzutage viele Menschen glauben. Es ist vielmehr das Ergebnis verschiedener aufeinander treffender und vielleicht exoterischer Ursachen. Schon der Name Rom erweckt die Erinnerung an grandiose Szenarien und Ereignisse. Er verkörpert aber auch gegensätzliche, kritische Positionen und dies rückt wiederum seine lokale menschliche und umstrittene Bedeutung in den Fokus.

Die wahren Wurzeln des Mythos Rom liegen nicht in der Gründung der Stadt in der fernen Vergangenheit, vor allem weil sein Anspruch auf die Antike vor den weitaus berühmteren Zivilisationen des Ostens verblasst. Sie stehen auch nicht in Zusammenhang mit der geographischen Lage, die keine strategischen Vorteile brachte. Die Gründer Roms suchten nicht nach einer Anlegestelle für Schiffe und sie ließen sich auch nicht am Flusshafen an der Mündung des Tiber nieder. Der Mythos Rom steht in Zusammenhang mit den politischen Tugenden und der kriegerischen Stärke der Stadt, die sie ein Jahrtausend lang beherrschten. Zuerst verbarrikadierten sich die Latiner auf dem Palatin, einem Hügel, der steiler als die anderen war. Kurz zuvor hatten sie und die Sabiner Niederlassungen auf anderen nahe gelegenen Anhöhen gegründet, die sich überall aus der sumpfigen Flussebene erhoben. In jenen frühen Tagen bestand Rom aus wehrhaften Hirten und Bauern, die am Rande des Landes der Falisker zusammengedrängt waren, ein etruskisches Volk auf der einen Seite und die albanischen Berge auf der anderen. Man hat die Überreste sehr alter Hütten auf dem Palatin entdeckt, die auf ein primitives Volk hinweisen, das nicht nur die Sabiner absorbierte, sondern auch erfolgreich seine Nachbarn verschlang und die ihm am nächsten gelegenen Städte zerstörte. Alba Longa im 6. Jahrhundert v. Chr. und Veio 396 v. Chr. bildeten den Auftakt für die erfolgreichen Eroberungen der folgenden Jahrhunderte. Damit löst sich der Nebel des Mythos auf und man erhält den ersten historischen Hinweis für den kulturellen Einfluss, den die besiegten Etrusker ausübten. Neben dem eindeutigen architektonischen Beweis, den das Kapitol liefert, muss der symbolischen Bronzestatue der Kapitolinischen Wölfin Reverenz erwiesen werden. Das Werk datiert aus dem 6. oder 5. Jahrhundert und bringt mütterliche Gefühle ohne kriegerische Stärke lediglich durch Betonung und Übergang der Form zum Ausdruck, die weit über die Plastik der Etrusker hinausgehen.

Mitte des 4. Jahrhunderts v. Chr. errichteten die Römer eine großartige, etwa 8 km lange Mauer entlang der Hügel am linken Ufer des Tiber, die die rasch wachsende Bevölkerung in sich aufnahm. Die Servianische Mauer wurde später jedoch von der Aurelianischen Mauer in den Schatten gestellt, die doppelt so lang war und beide Ufer des Tiber umschloss.

Wenn man über Rom spricht, darf man seine Aufmerksamkeit nicht nur den Bewohnern der Stadt widmen, denn das Wort selbst ist ein Synonym für die gesamte Geschichte einer Zivilisation. Hier entstand die antike Sprache, die ihren Namen dem Latium verdankt und sich in der bekannten Welt ausbreitete, über die Straßen und Seewege um das Mittelmeerbecken hinaus. Das Lateinische nahm seinen Platz unter den bereits existierenden literarischen Traditionen ein und konnte sich im Lauf der Zeit im Westen behaupten, was in der Bildung der romanischen Sprachen gipfelte. Die römische Kultur brachte sich in jeder Hinsicht selbst zum Ausdruck, wobei sie größten Wert auf praktische Effizienz legte, vor allem in Form denkwürdiger öffentlicher Werke und monumentaler Errungenschaften.

Kriege in Italien und entscheidende Siege über so viele Völker, darunter jene, die nur über den Seeweg zu erreichen waren, wie die Makedonier und die Karthager, untermauerten die wachsende politische und militärische Macht Roms. Lediglich ein paar unwillkommene Episoden unterbrachen die endlosen Siege, wie zum Beispiel der plötzliche Einfall der Senonen, eines gallischen Stamms, dem es tatsächlich gelang, das Kapitol zu belagern. 146 v. Chr. bereitete Rom dem ungehobelten Karthago im Westen endgültig ein Ende und machte sich anschließend an die Eroberung des kultivierten und inzwischen dekadenten hellenistischen Reichs im Osten. Der Vorherrschaft der mediterranen Rasse folgte die Einrichtung von Provinzen in Kleinasien und die Erweiterung der römischen Grenze bis zum Schwarzen Meer. An Land überrollten die Kampagnen Julius Cäsars die Gallier und unter Augustus dehnten sich die Grenzen des Reichs weiter in nordöstlicher Richtung aus, von Germanien bis Moesien.

Neben militärischen Operationen spielten gerissene und zeitlich günstige diplomatische Schachzüge eine entscheidende Rolle. Selbst im häuslichen Bereich erwies sich die politische und administrative Organisation als effektiv. Dies waren die Grundlagen der methodischen Expansion Roms, die, allein schon vom Prestige gefordert, auch materiell in Form von Vasallenstaaten Gestalt annahm und gelegentlich sogar friedfertig zustande kam als Ergebnis eines scharfsinnigen Weitblicks. Antiochos III. vermachte beispielsweise das Königreich Pergamon dem römischen Volk; Bithynien erwarb er ebenfalls auf diese Weise.

Rom betrachtete seine Macht in keiner Epoche als vollkommen. Man führte immer wieder Neuordnungen und Veränderungen im institutionellen System durch. Man verzichtete sogar auf die konstitutionelle Dyarchie, die mit der alljährlichen Ernennung zweier Konsuln eingerichtet wurde, indem man einen »consul sine collega« ernannte oder Tribunate und zeitlich begrenzte Diktaturen etablierte. Mit Augustus setzte sich schließlich das Prinzipat durch und die Republik wurde zum Kaiserreich erhoben.

Der Senat hielt zwar an seinem renommierten Namen fest, stimmte aber oftmals Reformen hinsichtlich seiner essenziellen Privilegien und seiner Zusammensetzung zu. Der »cursus honorum«, dem jene folgten, die nach hohen Ämtern strebten, und die eiserne Disziplin der »patria potestas«, die das Familienleben bestimmte, wurden lockerer. Dies war der Entwicklung und dem kontinuierlichen Praktizieren des Gesetzes zu verdanken, das bei den Römern beinahe den Status einer Religion innehatte. Das »jus civile« und das »jus gentium« vereinte man im »jus naturale«. Man ließ jedoch nichts unversucht, das Prestige des »civis Romanus«, das von der Entwicklung eines solchen Bürgerrechts bedroht war, so lang wie möglich zu erhalten.

Von Anfang an definierte sich Rom über die individuellen Komponenten seiner vielgestaltigen und immer extensiveren sozialen Organisation, auf deren Schultern auch die Verantwortung lastete. Man traf kluge Entscheidungen, um eine Trennung in »Comitia« und Versammlungen mit unterschiedlichen Aufgaben und unterschiedlicher Macht sicherzustellen – die Umsetzung der römischen Maxime »Divide et impera«, selbst hinsichtlich innerer Angelegenheiten. Das Ergebnis waren zweckdienliche, flexible Zusammenschlüsse, die darauf abzielten, das soziale Gefüge zu koordinieren und seine Interaktionen zu stärken und somit den Klassenkampf zu unterbinden. Die Anforderungen solcher Institutionen und ihrer Wirksamkeit zeichneten sich bereits 494 v. Chr. in der Fabel vom Magen und den Gliedmaßen ab, die Konsul Menenius Agrippa erzählte. Während Stabilität und Funktionalität dieser Strukturen jahrhundertelang gesichert waren, nahm das komplexe administrative Modell originelle Formen und expressive Variationen an.

Diese flexiblen politischen Muster lassen sich mittels objektiver Begriffe interpretieren, indem man sie mit Bautechniken und der Essenz der Architektur vergleicht. Horaz stellt richtig fest: »Graecia capta ferum victorem cepit et artes intulit agresti Latio.« Und es ist ebenso richtig, dass Roms bester Beitrag zur Kunst auf dem Gebiet der Architektur zu finden ist. Daher ist es durchaus legitim, substanzielle Vergleiche zwischen solch signifikanten Manifestationen zu ziehen.

Man wählte mehrere einheitliche, konstitutive Elemente und proportionierte sie im methodischen Gebrauch des »caementum«. Die Römer verbanden sie zu einer festen Masse mit grober, rauer Struktur, die die »firmitas« eines tragenden Mauerwerks besaß. In Quadrate geschnitten und von Stein- und Ziegelumhüllungen gehalten, kreierte man die Werke und unterteilte den architektonischen Raum, um den Anforderungen der »utilitas« gerecht zu werden. Die formalen Ergebnisse mit ihren flexiblen, kühnen Bogen und Gewölben, deren Elan an fliegende Vögel erinnert, variierten im Lauf der Zeit und charakterisierten das Figürliche. Vitruvs »vetustas« eines vollendeten Werks war das Ergebnis ähnlich logischer und operativer Prozesse, die Rom anwandte, um seine Gesellschaft im Hinblick auf die Erschaffung eines Kaiserreichs zu formen.

Rom hatte seit langem das Flachland zwischen den Hügeln urbanisiert und in monumentale Komplexe verwandelt. Neben den antiken politischen und religiösen Zentren, dem Forum Romanum, dem Marsfeld, den Kaiserforen und dem Velabro, errichtete man im gesamten Stadtgebiet herrliche Tempel und Gebäude, die größtenteils jedoch nicht erhalten sind. Der kaiserliche Palast erhob sich extensiv und verschwenderisch auf dem Hügel, während in späterer Zeit weitere imperiale Residenzen errichtet wurden, wie zum Beispiel das Sessoriana und die Villa des Maxentius. Das unvergleichliche Kolosseum machte sich einen Namen unter den architektonischen Werken. Hier konnte man sich unter anderem mit Theater und Zirkus angenehm unterhalten lassen.

Von den majestätischen kaiserlichen Bädern hat oftmals nur das robuste Mauerwerk die Zeiten überdauert, das seinen kühnsten Ausdruck in der kolossalen Kuppel des Pantheon findet. Zur Zeit Augustus' lebten 1 Million Menschen in Rom, einer Stadt, in der die gewöhnlichen Haustypen mit anderen »intensiven« Typen verbunden waren, den »insulae«, hoch aufragende Wohnblöcke mit bescheidenen Unterkünften, die durch Balkone voneinander getrennt waren – die Vorläufer der

typischen Arbeitersiedlungen des 19. Jahrhunderts. Eine geschäftige Welt belebte die urbanen Räume, die Basiliken und die Monumente, die mit Triumphbogen und Säulen durchsetzt waren, die graphische Erinnerungen und Reliefmodelle kaum wieder beleben können. Trotzdem: »Roma quanta fuit, ipsa ruina docet.«

Mehr als 200 Jahre lang leistete die imperiale Organisation, instabil und korrupt wie sie war, dem Druck des Volkes jenseits der Grenzen des Erlaubten erbitterten Widerstand. Später verstärkte sich der Druck jedoch derart, dass mehrere Militärkaiser, die vom Heer gewählt wurden, den Thron bestiegen. Diese Periode fand ihr Ende, als Diokletian grundlegende Reformen durchführte und die Tetrarchie einführte, mit der die Teilung des Kaiserreichs in West und Ost einherging, die noch unter Konstantin Bestand hatte. Sie wurde sogar unterstrichen, als der Herrscher eine neue Hauptstadt im Osten gründete: Konstantinopel. Der unaufhaltsame Niedergang des Kaiserreichs zögerte sich lange hinaus, dank der noch immer mächtigen politischen und militärischen Organisation, innen- wie außenpolitisch. Rom personifizierte weiterhin ein anscheinend grenzenloses Kaiserreich, das im Westen 500 Jahre Bestand hatte. Doch selbst der Untergang des Weströmischen Reichs im Jahr 476 bedeutete nicht den Niedergang Roms. Andere Städte hatten weniger Glück, von Ägypten bis Babylon, von Persepolis bis Karthago.

Der Zusammenbruch des Westreichs ließ den Vorhang für die klassische »Urbs« fallen. Ein fataler Verfall setzte ein. Rom war jedoch bereits ein wichtiges Zentrum des Christentums.

Obwohl Konstantin Byzanz in ein »nuova Roma« verwandelte, als die Hauptstadt des Oströmischen Reichs baptistisch war, stand die alte Stadt tief in seiner Schuld, denn die Unterstützung der Christen lieferte andere erhabene Gründe für ihre Existenz und Entwicklung. Man kann tatsächlich sagen, dass der Herrscher das antike Rom neu gründete als er das neue Rom an den Ufern des Bosporus ins Leben rief. So kam es, dass das Christentum, dessen Wurzeln lange in den Tunneln der Katakomben begraben waren, sein Versteck verlassen und eine starke Position in der Stadt beanspruchen konnte. Die außergewöhnliche und später unüberwindliche Dimension der konstantinischen Basiliken des Laterans und des Vatikans mit ihren neuen triumphalen Räumen, geschaffen von einfachen Linien und architektonischen Strukturen, verdeutlichen den Wunsch und die Mittel, mit denen die Geschicke der Stadt gesichert werden sollten. Ab dem 4. Jahrhundert entdeckte Rom die neue Poesie der urchristlichen Kunst, die es durchsetzte, indem es zu ihrem herausragendsten Zentrum wurde. In keiner anderen Stadt findet man so viele urchristliche Monumente, die sich aufgrund ihrer Autorität und signifikanten Typologie auszeichnen. Eine ähnliche Vorherrschaft erreichte die figurative Kunst mit unzähligen Mosaiken und die großen Sarkophage verkörperten die neuen Werte in der Plastik.

Die Invasion der Westgoten, die 410 in der Eroberung und Plünderung Roms gipfelte, weitere Überfälle, eine erneute Plünderung durch die Wandalen (455) und der endgültige Fall des Weströmischen Reichs (476) führten zu einer grundlegenden Veränderung der politischen Position der Stadt, die praktisch ihre gesamte Lebensart verleumdete. Doch noch immer weigerte sich Rom, unterzugehen, und wurde zu einem Symbol für die Antike. Der Senat und die bürgerlichen Autoritäten, die nur noch ein Schatten ihrer selbst waren, bewahrten mit geschwächten Institutionen die Kontinuität und auf dem Palatin gab man so etwas wie eine kaiserliche Residenz nicht auf.

Inzwischen hatte Rom sein Prestige als Sitz des einzigen Patriarchats im Westen und als Heimat der Grabstätten der Apostel Peter und Paul erneuert, wenn auch nur als mitleiderregende urbane Niederlassung. Die beiden Institutionen mussten im Namen Roms einen Treffpunkt und eine Quelle der Stärke finden, mit der man der Zukunft begegnen konnte, indem man die Verbindungen mit der Vergangenheit erhielt. Gegen Ende des 8. Jahrhunderts war die Stadt das Emblem für Kontinuität und Zentrum der religiösen Macht. Als solches fand sie sich in der Rolle des mythischen, mystischen Nabels wieder, an dem sich die Kaiser des Heiligen Römischen Reichs vorschriftsmäßig einfanden, von Karl dem Großen bis Friedrich III., um sich vom Papst im Namen des römischen Volkes krönen zu lassen.

Odoaker wurde ermordet, die Ostgoten vernichtet. Die schwierige Beziehung zu Byzanz hatte weiterhin Bestand. Schließlich beendeten die Karolinger die lange Herrschaft Italiens (568-774), die das Land den Lombarden verdankte. Die Franken wurden vom Papst unterstützt, dem ein kleines Territorium garantiert worden war, über das er die weltliche Macht ausüben sollte.

Man wird nicht schlau aus der komplizierten Geschichte, die in diesen dunklen Zeiten gestrickt wurde, die in Rom zweifellos dunkler waren als andernorts. Ein paar Worte kann man dennoch zu dem sagen, was aus den Jahrhunderten des Kampfes, der Unsicherheit und der Not resultierte.

Das Patrimonium Petri, der Grundbesitz der römischen Kirche, blieb vom politischen Kampf nicht verschont. Auch wenn es nicht länger in Verbindung mit dem Exarchat Ravenna stand, das die Halbinsel entzweite, so war es aufgrund seiner zunehmenden Präsenz doch in der Position, Grund oder Vorwand für die Schicksalsschläge zu sein, die zur berühmten historischen Aufspaltung Italiens führten. Während der Norden bereits ab dem 9. Jahrhundert in den Kreis Mitteleuropas gezogen wurde, schien sich der Süden vom Rest des Landes loszusagen. Anfänglich berührt von Byzanz, wurde das Land später Opfer der Normannen, der Schwaben, der Anjou und der Aragonier. Die Ereignisse im Mittelalter legen beredtes Zeugnis vom geopolitischen Schicksal dieser und anderer Halbinseln ab, für die es schwer ist, eine politische Einheit zu erzielen. Die Geographie selbst stellt sich gegen sie. Heute ist Korea hierfür ein typisches Beispiel.

Die Lage, die politischen Querelen und die kirchlichen Dispute, die unter der Herrschaft der Ottonen, der Salier und der Sachsen zum Tragen kamen, hatten keine positiven Auswirkungen auf Rom, das nur darauf zu warten schien, dass sich das Blatt der Geschichte wendete.

Dank der Stärke seiner klassischen Traditionen und der Beharrlichkeit frühchristlicher Formen in der figurativen Kunst wurde Rom nicht von der Faszination für den romanischen Stil erfasst, die Italien und den Rest von Europa überrollte. Der Bedeutungsmangel und das bescheidene Angebot bieten hierfür zwar eine Rechtfertigung, erklären jedoch nicht vollständig, weshalb im 12. und 13. Jahrhundert diese signifikanten römischen Kirchen errichtet wurden, die noch immer frühchristlichen Modellen verhaftet waren. Ein Beispiel genügt: die erhabene Basilika der heiligen Maria im Stadtteil Trastevere, die Papst Innozenz II. erbauen ließ, der aus einer adeligen römischen Familie stammte.

Man darf auch die Tatsache nicht vernachlässigen, dass im 13. und 14. Jahrhundert in weiten Teilen Italiens, vor allem in Umbrien und der Toskana, also in Roms unmittelbarer Nachbarschaft, ein äußerst aktives bürgerliches Leben praktiziert wurde und wertvolle gotische Kunstwerke entstanden. Andererseits war in Rom eine unerbittliche Dekadenz an der Tagesordnung, die sich noch verschlimmerte, als Avignon zwischen 1309 und 1376 Residenz der Päpste (Babylonisches Exil) war. Eine derartige Demütigung erklärt den Aufstieg und die Exzesse eines Demagogen wie Cola di Rienzo, ebenso wie den leidenschaftlichen Appell der heiligen Katharina, der Papst möge nach Rom zurückkehren. Als dies schließlich 1377 geschah, kam die Stadt langsam wieder auf die Beine. Ungeachtet des Aufsehens, das das große abendländische Schisma erregte, wurden Kirche und Stadt reorganisiert. Man setzte die Basiliken instand und richtete den Vatikan als neue päpstliche Residenz ein, die den Platz des baufälligen Lateranpalasts einnahm, der jahrhundertelang diesem Zweck gedient hatte. Ein neues Zeitalter war für Rom angebrochen.

Erst ab dem späten 15. Jahrhundert beschäftigte man sich mit der Renovierung der heiligen Gebäude in der Stadt. Dies geschah etwa zu der Zeit, als die Päpste, die sich wieder in Rom etabliert hatten und bedeutende Humanisten in die Stadt zogen, begannen, die Schönheiten der Klassik zu entdecken ebenso wie das Vergnügen, sich einen Namen zu machen, indem sie öffentliche Arbeiten in Auftrag gaben und die Künste förderten.

Es dauerte einige Zeit, bis die florentinische Renaissance ihren Weg nach Rom fand. Dort brachte sie schließlich jedoch einige kleine Prunkstücke hervor. Nikolaus V. war der erste in der Reihe humanistischer Päpste. Er ergriff die Gelegenheit, die das 1450-jährige Jubiläum bot, und rief ein umfassendes Programm ins Leben, im Zuge dessen innovative Restaurationen unter Leitung von Bernardo Rossellino erfolgten. Weitaus bedeutender war jedoch seine Bitte an Leon Battista Alberti, die städtische Neuordnung der Borghi und des Vatikans zu vorzunehmen, die mit der Planung des Neubaus für die Peterskirche begann.

Wenige Jahre später ließ Papst Paul II. einen grandiosen Palazzo außerhalb des Vatikans errichten. Das Bauwerk wurde wie ein königlicher Renaissancepalast gestaltet und verschlang die antike Kirche San Marco. Der riesige rechteckige Grundriss, dessen kurze Seite auf die Piazza Venezia weist, entspricht den exakten Proportionen Albertis, die sich in den strengen Erhebungen widerspiegeln mit Ecktürmen, die an eine Festung erinnern. Das außergewöhnliche Werk war verschiedenen Händen anvertraut. Es blieb unvollendet, ohne allzu sehr mit dem präzisen, autoritativen, ursprünglichen Konzept Albertis zu kollidieren.

Der eifrige Papst Sixtus IV. ließ Werke von besonderem städtischen und sozialen Interesse schaffen: den monumentalen Trakt mit dem hohen Achteck im Ospedale di Santo Spirito in Sassia und die schmale sixtinische Brücke, das einzige Exemplar einer Renaissancebrücke, die die Zeiten überdauert hat. Die Motive Brunelleschis, wie zum Beispiel das lange, originale Oculus in der Mitte und die geschmackvollen Stürze der Arkaden, verleihen der Brücke figurative Eleganz.

Ein weiteres außergewöhnliches, wuchtiges Gebäude mit einer imposanten und raffinierten Front aus Travertin ist der Palazzo della Cancelleria. Er erinnert mehr an eine Residenz als an ein religiöses Bauwerk, ungeachtet der Tatsache, dass

die Kirche San Lorenzo in Damaso darin integriert wurde. Ein Nepote Papst Innozenz' VIII. rief den Bau ins Leben, der unter anderem die Handschrift Donato Bramantes trägt.

Rom öffnete sich den unterschiedlichsten Einflüssen, die man in der Malerei ebenso erkennt wie an den Fronten unbedeutenderer Gebäude. Neben Gentile da Fabriano und Melozzo da Forlì kamen unzählige illustre florentinische und umbrische Maler sowie toskanische Bildhauer nach Rom, die Kirchen und Plätze dekorierten, insbesondere die Sixtinische Kapelle und die päpstlichen Gräber. Im Zuge dieser Erneuerungen schien die Stadt nach einem neuen Ausdruck zu suchen, der zu Beginn des 16. Jahrhunderts nach den Wünschen Papst Julius' II. und den kreativen Impulsen Bramantes umgesetzt werden sollte. Die neue Peterskirche und der Hof des Belvedere verkörperten die außergewöhnliche Bandbreite an Visionen und bildeten sowohl die Basis als auch die Skala für künftige Errungenschaften und Initiativen. Darüber hinaus beweist die Anlage der Via Giulia das Interesse, das der ehrgeizige Papst an der Stadt hatte, während die abgebrochenen und nie wieder aufgenommenen Arbeiten an den Gerichtshöfen Bramantes eine Vorstellung von dem Antagonismus geben, der in einem Kapitol entstand, das eifersüchtig auf das Vorrecht in der Justizverwaltung war.

Rom erstrahlte wieder in alter Größe und die neuen Ideen zogen Künstler aus dem ganzen Land an: Raffael, Michelangelo, Peruzzi und die Sangallos. Der Kirchenstaat öffnete seine Grenzen und nahm Bologna, Ravenna, Rimini und Urbino, Modena und Parma auf - Neuerwerbe, die Julius II. einleitete beziehungsweise zum Abschluss brachte. Rom wurde auf Kosten von Florenz zum führenden Kunst- und Kulturzentrum Italiens und genoss mindestens 200 Jahre lang den Ruf, Zentrum der europäischen Kunst und Kultur zu sein.

Zu Beginn des 16. Jahrhunderts sah sich die zum Klassizismus zurückgekehrte Stadt einer bestimmten, umfassenden Mode gegenüber, die sich auf untergeordnete Details ausdehnte. Es gab direkte Ablehnung, zum Beispiel für das symbolische Sprossenfenster, das seinerzeit das toskanische Fenster ersetzt hatte, das der Renaissance verbunden war. Am Anfang interpretierte man die klassische Form in formaler und räumlicher Hinsicht mit verführerischer, malerischer Sensitivität. Später näherte man sich ihr deutlich manieristischer, vor allem zur Zeit Julius' III. und Pius' IV. Unter den nachfolgenden Päpsten, die sich auf unterschiedliche Art und Weise an die Kunst wagten, kam eine neue Strömung auf, die im charakteristischen Schematismus gipfelte, den Domenico Fontana vielen Arbeiten verlieh, die Sixtus V. in Auftrag gab. Dies markierte das Ende der kulturellen Bewegung der Gegenreformation. Die subtilen, ausdrucksstarken Spitzfindigkeiten bewegten sich mit dem Kompass einer unruhigen Welt, die im Sacco di Roma, der Plünderung Roms, ein Ventil fand. Das Ereignis war für die Stadt zwar verheerend, beeinflusste ihren Kurs jedoch nicht.

Michelangelo trug mit dem Deckengemälde in der Sixtinischen Kapelle seinen Teil bei, vor allem jedoch mit den romanischen Arbeiten seiner späten Jahre, in denen er sich stärker auf Visionen der Zukunft konzentrierte, als sich an der zeitgenössischen Debatte zu beteiligen. Er gestaltete unter anderem den Kapitolsplatz neu, übernahm die Bauleitung der Peterskirche und entwarf deren Kuppel.

Die Stilrichtungen der Kirchen des 16. Jahrhunderts folgten früheren Pfaden, Variationen waren vor allem im Dekor zu finden. Der »Palaststil«, der sich zu Beginn des Jahrhunderts etablierte, war hingegen eine völlig neue Richtung. Ihn kennzeichnen unter anderem Architrave an den Stirnseiten über einer hohen Basis.

Das Modell, das eingeführt wurde, als Bramante sich in Rom niederließ, eignete sich für Variationen und Verzierungen. Es schien bereits die Raffaelschule durchlaufen zu haben, die komplexere und fruchtbarere Lösungen hervorbrachte, indem sie die Einführung von Mezaninen und einem zweiten Hauptgeschoss disziplinierte. Die zügellose Fantasie der Komposition achtete zwar auf praktische Anforderungen, verzichtete jedoch nicht auf die proportionale Abstimmung der Fronten. Man verwendete Friese und wechselte zwischen gefüllten und freien Flächen ab, die nicht an Wert verloren, selbst wenn sie in plastische oder malerische Hintergründe eingesetzt wurden. Die geschwungene Fassade des Palazzo Massimo ist die typische Umwandlung eines Originals. Peruzzi schuf eine Fassade aus Quadersteinen über den Säulen im Erdgeschoss, die charakteristisch für das Gebäude und seinen Namen sind.

Im 16. Jahrhundert entstanden in Rom weniger neue Kirchen als weltliche Gebäude. Der Palazzo ist ein besonderes Thema im Rom des 16. Jahrhunderts, da zu jener Zeit mit dem Gebäudetyp intensiv experimentiert wurde. Das neue Campitelli-Viertel ist ein gutes Beispiel hierfür, es wirkt groß und gleichzeitig klein. Hinsichtlich des Dekors richtete man das Augenmerk auf die Fronten. Einst legte der Palazzo Branconio davon Zeugnis ab, ein ingeniöses Werk Raffaels, das jedoch zerstört wurde. Ein gut erhaltenes Beispiel ist dagegen der Palazzo Spada, vor allem aufgrund der Harmonie zwischen der Fassade und dem Stuckdekor im Hof und im Innern.

Das monumentale Modell für eine weitere Strömung ist das strenge Gebäude, das Antonio da Sangallo für Papst Paul III. erbauen ließ. Sein ausgeprägtes kubisches Volumen hallt im Hof und in der stolzen Halle wider. Der »Dado Farnese« bleibt ein Archetyp, der weder Wiederholungen noch Popularisation duldet. Seine Kompositionsmuster bringen nur unbedeutende Beispiele mit mannigfaltigen Akzenten zum Ausdruck, von der Schlichtheit des Palazzo Caetani über die würdevollen dekorativen Annäherungen der vielen bürgerlichen Gebäude von Giacomo della Porta bis zum Palazzo Mattei von Giove del Maderno gegen Ende des Jahrhunderts. Dennoch hat man nur im großen Lateranpalast die grobe kubische Form der Farnese übernommen und erhöht.

Das leidenschaftliche Pontifikat Papst Sixtus' V. war für Rom von fundamentaler Bedeutung. Die vielen Gebäude, die zwischen 1585 und 1590 vollendet oder begonnen wurden, scheinen einer urbanistischen Vision entsprungen zu sein, die auf einem sternförmigen Straßensystem beruht. Das neue Aquädukt Acqua Felice brachte Wasser von den höher gelegenen Vierteln innerhalb der Aurelianischen Mauer vom Esquilin zum Quirinal und schuf dort die Grundlagen für ein angenehmes Leben.

Die neue gerade Straße, die von der Kirche der Trinità dei Monti über die heutige Via Sistina, Via Quattro Fontane, Via Agostino de Pretis, Via Carlo Alberto und Via Conte Verde bis zur Kirche Santa Croce in Gerusalemme reicht, ist die längste. Sie erstreckt sich über ca. 3,5 km. Es gibt jedoch noch viele andere Hauptverkehrsadern, darunter Straßen, die von außen kommen und in erster Linie Wallfahrten fördern sollen. Sie haben ihre Nützlichkeit während der Entwicklung des Bauwesens in der Hauptstadt unter Beweis gestellt. Die christliche Bedeutung und die strenge bürgerliche Schlichtheit, die der Papst suchte, verherrlichten die vernachlässigten antiken Obelisken, die er an bedeutenden Plätzen aufstellen und mit dem Symbol des Kreuzes versehen ließ. Unter den päpstlichen Initiativen und sozialen Werken verdient ein Gebäude Aufmerksamkeit, das hinter der Via Giulia erbaut wurde und alle Bettler in Rom zusammenbringen sollte.

Selbst im ausgehenden 16. Jahrhundert wurde die manieristische Malerei vom viel bewunderten Caracci und von Meistern aus Bologna verdunkelt. Die Loggia des Palazzo Farnese repräsentiert in qualitativer Hinsicht einen entscheidenden Schritt nach vorn, vor allem im Vergleich zu den bescheidenen Dekorationen unter Sixtus V. Der beunruhigende Caravaggio reflektierte seine eigenen Gegensätze, indem er Aspekte und Bewegungen der populären Welt untersuchte und malerisch dramatische Effekte betonte. Auch wenn man ihn nicht als Befürworter des Barock klassifizieren kann, erscheint seine Botschaft im Hinblick auf die Suche nach dem Neuem und der Bewegung für diesen Stil relevant.

In den letzten Jahren des 16. Jahrhunderts kam es zu einer Kursänderung in der Kunstgeschichte. Man erkennt den Punkt an der Sala Clementina, im Apostolischen Palast im Vatikan. Hier liefern die luminösen Gemälde - insbesondere das luftige, in Fresko bemalte Gewölbe - die erste konkrete Affirmation der Aspiration in Richtung einer neuen Spezialisierung. Sie gehören zweifellos zu den unbekannten Werken der Brüder Cherubino und Giovanni Alberti und sollten den ansonsten unspektakulären Saal abrunden. Die Künstler kamen überein, das hölzerne Gewölbe zu entfernen und den Saal zu vergrößern. Zu Beginn des 17. Jahrhunderts brach sich der Barock in Rom Bahn und es kamen die Arbeiten in Gang, die die Stadt charakterisieren.

Die Vorlieben des Quattrocento erkennt man in den berühmten kleinen Werken Brunelleschis ebenso wie in der Malerei und der Skulptur. Diese Vorlieben wurden im 16. Jahrhundert durch laterale Ansichten bereichert: Die starre Längsperspektive wurde durch andere visuelle Achsen abgeschwächt. Der Hintergrund verlor an Bedeutung und man experimentierte mit Explorationen vertikal zu den sichtbaren Achsen. In dieser Phase setzte Rom als Erstes mit dem »Dreizack« der Piazza del Popolo neue Maßstäbe - ähnlich jenem, nach dem sich Alberti für die Borghi sehnte, hier jedoch entworfen und geschaffen von Raffael.

Im 17. Jahrhundert dehnte die Stadt ihre räumlichen Ambitionen aus, indem sie die Öffnung des Dreizacks verbreiterte. Es entstanden die neuen Piazze: Collegio Romano, Santa Maria in Campitelli und Chiesa Nuova. Man bemühte sich, andere Plätze anzugleichen, wie zum Beispiel die Piazza Navona. Dort wird das Auge von der monumentalen Kirche Santa Agnese zu Berninis bekanntem Vierströme-Brunnen geleitet.

Ohne zur Exemplifikation innerer Schauplätze überzugehen, die sich dem Betrachter von der Längsseite präsentieren, ist es unumgänglich, dass man vollkommen vom Raum in Besitz genommen wird, das heißt, dass man sich den architektonischen Konzepten in 360°-Bildern nähert, wie es in diesem Buch geschieht. Der als Ellipse mit beeindruckenden Arkaden gestaltete Petersplatz findet seine ideale Analogie nur in der Form der lang gezogenen Kaiserforen, die entlang orthogonaler Achsen angelegt sind. Tatsächlich handelt es sich jedoch um eine einzigartige Lösung von symbolischem Wert, die man weder teilweise noch vollständig kopieren kann; man darf dennoch die Kreisform nicht vergessen, die Napoleon Rom mit der Piazza del Popo-

lo aufdrängte. Sie folgte den Kreisformen, die nicht nur Kirchen, sondern auch Vorplätze, Hallen und Höfe aufwiesen.

Unter sieben großen Künstlern des Barock tat sich Gian Lorenzo Bernini in Rom mit außergewöhnlichen Plastiken und der Ausgewogenheit und dem Kompositionsrhythmus seiner Arbeiten hervor, mit denen er die Stadt und das Museo Borghese bereichert hat. Die Triade berühmter Architekten komplettieren Francesco Borromini mit seiner ausdauernden, unerwarteten Suche nach Formen und Pietro da Cortona mit seinem ausgeprägten Gespür für das Dekorative. Es gibt jedoch weitere Persönlichkeiten, die nicht ignoriert werden dürfen, darunter Flaminio Ponzio, Initiator des Barock und des großartigen Hofes der Borghese, Carlo Rainaldi mit der Kirche Santa Maria in Campitelli oder Ferdinando Fuga mit seiner ingeniösen Fassade von Santa Maria Maggiore und dem Palazzo della Consulta.

Im 17. und 18. Jahrhundert akzentuierte man die Bedeutung der römischen Palazzi. Sie wirkten größer und prunkvoller, ausgelöst durch die Effekte, die man beim Experimentieren im Innern erzielte. Man griff zum Beispiel auf Zwillingstreppen zurück wie im Palazzo del Quirinale, im Palazzo Borghese, im Palazzo Barberini, im Palazzo Chigi oder im Palazzo Corsini. Die Fronten wurden variiert, wenn sie derselbe Künstler entwarf. Von Bernini stammen jene der Propaganda Fide, des Palazzo di Montecitorio, des Palazzo Barberini und des Palazzo Odescalchi. Im Gegensatz hierzu standen die nicht verwirklichten und unoriginellen Bauwerke, die Cortona für die Piazza Colonna und Borromini für die Residenz der Carpegna geplant hatten.

Neben Palazzi, die man für spezielle öffentliche Anforderungen erbaute (Montecitorio, Consulta), errichtete man Paläste für bedeutende Familien. Die Verwandten jedes neuen Papstes ließen sich einen Palast, eine Villa und eine Kapelle für ihre Familie bauen. Die römischen Handwerker waren gut ausgelastet und die Bevölkerungszahl nahm in jenem Jahrhundert beträchtlich zu.

Papst Paul V. brachte das ehrgeizige Programm der Päpste aus dem Hause Borghese als Erster zum Abschluss. Der grandiose, originelle Palast wurde abgelöst von der Villa mit dem Casino, entworfen von dem Architekten Ponzio, und der Familienkapelle in Santa Maria Maggiore. Letztere erbaute man gegenüber der Kapelle Sixtus' V., der sie ähnelte. Man weitete außerdem die diagonale Besonderheit der frühchristlichen Basilika aus, was in der unerwarteten Hinzufügung eines Transepts resultierte. Dadurch bot sich Rainaldi später die Möglichkeit, die monumentale Rückseite in einer feierlichen dreifachen Komposition mit den beiden Kuppeln und der dazwischenliegenden Apsis zu vereinen.

Als Nächstes traten die Familien Ludovisi, Barberini, Pamphili, Altieri, Odescalchi, Chigi und Corsini in einen befremdlichen Wettstreit, der das barocke Rom noch prächtiger und berühmter machen sollte. Man war der Meinung, dass aus einer Kapelle durchaus eine Kirche werden könne, wie im Falle der prachtvollen Sant'Agnese, dass man die Größe eines Palazzo mit seinen nahen Gärten unterstreichen könne, wie im Falle des Palazzo Barberini und des Palazzo Corsini, und dass eine Residenz die grenzenlose Dimension einer Villa Pamphili erreichen könne oder eines Tuskulums auf einer Anhöhe, wie im Falle des imposanten Gebäudes der Aldobrandini. Der Palazzo Braschi war der letzte Palast, der für eine päpstliche Familie erbaut wurde. Er stand auf einem trapezförmigen Block, der zum Teil auf die Piazza Navona blickte.

Die barocken Kirchen unterscheiden sich in ihrem Äußeren ebenso wie im Innern hinsichtlich räumlicher, plastischer und formaler Kriterien. Selbst bei den römischen Kirchen kann man nicht von einem Typ sprechen. Neben den zusammengesetzten runden Modellen waren in Rom auch Ellipsen erfolgreich, die erstmals von Peruzzi vorgeschlagen wurden und mit denen später Vignola experimentierte. Bernini liebte es - nicht nur in Kirchen - sein eigenes elliptisches Interieur zu präsentieren, wobei die Hauptachse diagonal verlief. Auf diese Weise vollendete er das Meisterstück Sant'Andrea auf dem Quirinal und auf diese Weise begann er auch mit dem Oratorio di Propaganda Fide. Borromini leitete dessen Demontage in die Wege und ersetzte es durch seine eigene Architektur, nachdem er die Form der Ellipse in San Carlino alle Quattro Fontane übernommen hatte.

Die Grundrisse und Ausmaße barocker Kirchen variierten fortwährend und wurden immer komplizierter. Dies resultierte in hohen Kuppeln, die man vom Pincio und vom Janiculum aus erblickt. Im Innern ließ man der Fantasie freien Lauf, was sich in einem reichen Dekor und einem spektakulärem Erscheinungsbild niederschlug. Der Fantasie der Künstler, die die Pracht des barocken Roms bestimmten, waren keine Grenzen gesetzt. Einzig das Hauptquartier der Compagnia di Gesù in Rom schlug ein einheitliches Muster für seine zahlreichen Kirchen auf jedem Kontinent vor, das jedoch nicht angenommen werden musste.

Das 17. Jahrhundert war in Rom nicht nur das Jahrhundert der Kunst, sondern auch der Erfindungen, wohingegen das 16. Jahrhundert von den exquisiten Variationen desselben Themas durchdrungen war. Anfang und Ende des römischen Barock, das zum Teil bis ins 18. Jahrhundert reichte, markieren zwei ähnliche, jedoch nicht wiederholbare urbane Szenarien: die Fontanone dell'Acqua Paola auf dem Janiculum und die monumentale Fontana di Trevi an einem Palazzo, die einen ganzen Platz ausfüllt. Die Stadt der Brunnen verwandelte sich in eine spektakuläre »Wasser-Show«. Rom gab sich nicht mit zaghaftem Sprühregen zufrieden, sondern gönnte sich tosende, wilde Kaskaden. Der künstlerische Primat und das Wissen um die Führungsposition blieben das Merkmal Roms, bis diese aufgrund der herausragenden Qualitäten der Wirkenden und Kunsthandwerker an das Paris Ludwigs XIV. übergingen.

Im 18. Jahrhundert kristallisierte sich in Rom eine einzigartige Beziehung zwischen Politik und Kunst heraus. Deutlich wird dies anhand des architektonischen Zusammentreffens der 30er-Jahre, als Papst Klemens XII. seinen Mitbürger Alessandro Galilei unterstützte, der in England gelebt hatte und neue Ideale mit sich brachte. Im Wettstreit um die Fassade von San Giovanni in Laterano (1732) gewann sein Design. Damit konstituierte er nicht nur das objektive Vorbild der architektonischen Aufklärung, des Neoklassizismus, sondern enthüllte auch den kühnen kulturellen Standpunkt des römischen Hofes.

Die Schwierigkeiten der europäischen Geschichte, die in der Herrschaft Spaniens endeten, geboten jeglichem Streben nach Innovation umgehend Einhalt und unterstützten die traditionellen künstlerischen Produktionen mit ihren vielen Entwicklungen. In Rom zeugen davon die Magdalenenkirche (1734) und der Palazzo Doria al Corso (1735). Den Höhepunkt bildet Ferdinando Fugas feine, aber kraftvolle Fassade für die Kirche Santa Maria Maggiore (1743-1750), die prächtigste Expression des römischen Settecento.

Dieses Jahrhundert, das in seiner Selbstbehauptung so unschuldig war, drückte sich selbst bereitwillig in Landschaften und urbanen Episoden aus, wie zum Beispiel im »Burò« der Piazza Sant'Ignazio, oder in plastischen Abwandlungen von Freilufttreppen, wie beispielsweise in der bekannten Spanischen Treppe auf der Piazza di Spagna, oder im kleinen Bosco Parrasio degli Arcadi.

Gegen Ende des Jahrhunderts kam es zu den Ereignissen, die die Welt jener Tage umstürzten und das politische Klima in Rom veränderten, das im 17. und 18. Jahrhundert eine lange Zeit der Ruhe genossen hatte. Die Ereignisse, die von Frankreich ausgingen und Europa ins Wanken brachten, erweckten das päpstliche Rom wieder zum Leben, insbesondere mit dem Vorfall, der in Zusammenhang mit dem Namen Ugo Basville steht, und mit der glorreichen Episode der Römischen Republik (1798-1799) mit Giuseppe Mazzini und dem Triumvirat.

Der zögerlichen Annäherung an den Neoklassizismus waren weder außergewöhnliche Errungenschaften noch expressive Höhepunkte zu verdanken, sondern einzig wahrhaft würdige Formen, vor allem in der Bildhauerkunst. Originalität fehlte jedoch vollkommen. Dennoch muss die emblematische Restauration oder vielmehr Rekonstruktion der Basilika San Paolo fuori le Mura nach einem zerstörerischen Brand erwähnt werden. Das Ergebnis entsprach einem feierlichen neoklassizistischen Werk eines Monuments, das einst eine riesige Basilika des 5. Jahrhunderts war.

In der zweiten Hälfte des 19. Jahrhunderts begann das lange Pontifikat Papst Pius' IX. Mit der Einführung der Eisenbahn, der Niederlassung von Industriezweigen, darunter eine Tabakfabrik, und der Öffnung gegenüber Eisentechnologien begann unter Pius IX. die Modernisierung der Stadt. Zu den öffentlichen und sozialen Werken, die ihm zu verdanken sind, gehören der Bahnhof »Stazione Termini« und der Friedhof Verano. Die Künstler Pius' IX. gingen von der Klassik zur Renaissance über mit gelegentlichen Abstechern in das Mittelalter. Der Papst selbst widmete sich in erster Linie seinen Kirchen und ließ Fassaden und Interieur in großem und kleinem Stil restaurieren. Unermüdlich intervenierte er, sodass die Arbeiten letztendlich typische gemalte und vergoldete Verzierungen charakterisierten. Mit all seinen Initiativen versuchte er, in Erwartung des schicksalhaften Niedergangs der alten Ordnung an der Porta Pia (1870) ein liebevolles Viatikum zu arrangieren.

Das Rom, das der Papst an Italien übergab, war eine stille, beinahe verschlafene Stadt mit 220 000 Seelen. Die Bevölkerung bewohnte nur einen Teil des Gebiets, das die Mauern Aurelians, des Janiculums und des Vatikans umschlossen. Ein großer Bereich war - mit Ausnahme des Westens - mit Villen, Gemüsegärten und Parks übersät.

Die wichtigste Straße war der Corso, der sich von der Porta Flaminia, an der Besucher ankamen, bis zur heutigen Piazza Venezia erstreckte, von der aus man jeden südlichen Punkt der Stadt erreicht. Entlang des Corso verlief die erste von Pferden gezogene Straßenbahn. Die Fahrgäste erhielten keine Fahrkarte. Jede Person wurde auf einer Schiefertafel mit einem Kreidestrich vermerkt, der durchgestrichen wurde, wenn der Reisende ausstieg. Eine weitere Hauptstraße kam von der Piazza Venezia. Sie verlief entlang des inzwischen begradigten Abschnitts des heutigen Corso Vittorio und verband sich als »Via papale« (päpstlicher Prozessionsweg) mit der Via Governo Vecchio, der Via Banchi Nuovi und der Via Banco di Santo Spirito, bevor sie am Ponte Sant'Angelo endete, einem der drei Punkte, an denen der Tiber überquert werden konnte. Vom süd-

lichen Ende dieser Brücke, das inmitten der großen Schleife lag, die der Fluss formt, zweigten mehrere Straßen fächerförmig ab. Die erste war die Via Tor di Nona, die über die Via Condotti mit der Piazza di Spagna und dem Bereich der Kirche der Trinità dei Monti verbunden war, der in etwa der heutigen Via Veneto entspricht. Diese und andere Straßen verliefen parallel zum Tiber, in dem sich die Rückseiten der Häuser spiegelten. Die übrigen Straßen des Fächers waren wie ein Dreizack angelegt, gingen in andere über und nahmen den Verkehr von entfernten Teilen der Stadt auf. Das gesamte Straßensystem hat sich im Lauf der Jahrhunderte selbst gestaltet, als ob es sich in Richtung der einzigen Brücke ausrichte, die in die »città leonina« führt, das religiöse und politische Zentrum Roms.

Heute kann man es sich kaum mehr vorstellen, doch in jenen Tagen waren die am dichtesten besiedelten Bereiche die Piazza Barberini mit Santa Maria Maggiore, wo spät in der Nacht eine Glocke unsicheren Reisenden den Weg wies, und der Celius, der mit Klöstern übersät war.

Die »Piemontesen« kümmerten sich umgehend um die vielen Probleme, die die Erhebung Roms zur Hauptstadt nach sich zog. Sie versuchten, die dringendsten Fragen unkonventionell zu lösen. Man lehnte den Vorschlag Haussmanns ab, ein neues Rom auf dem Monte Mario zu gründen. Eine andere brillante Lösung gab es nicht, sodass die Angelegenheit von Anfang an bürokratisch gehandhabt wurde. Auf dem Quirinal war bereits ein Königspalast, der sofort vom Hofe Viktor Emanuels II. in Besitz genommen wurde. Ministerien und Ämter richtete man in ehemaligen Klöstern ein, im Palazzo Montecitorio und im Palazzo Madama brachte man das Parlament unter. Die Überschwemmungen des Tiber waren ein weiteres ernsthaftes Problem, eines, das die Aufmerksamkeit Garibaldis auf sich zog. Man beschloss, Dämme zu errichten, um die unteren Bereiche der Stadt vor den Überflutungen zu schützen, zu denen es im Lauf der Geschichte immer wieder kam. Zunächst wurden die durchgehenden, glatten Wälle, die die Landschaft am Tiber veränderten, nur von den antiken Brücken unterbrochen, später von provisorischen und schließlich von neuen. Der Porto di Ripetta und der Porto Ripa Grande fielen ihnen ebenso zum Opfer wie das Ghetto. Andererseits formten sie die baumbestandenen, am Fluss gelegenen Straßen, die heute als Hauptverkehrsadern genutzt werden und (meist) ein schnelleres Vorwärtskommen ermöglichen.

Man beschloss, für die neuen Gebäude nahe der »Stazione Termini« die sixtinischen Straßen des Esquilin mit der Villa Montalto anzulegen. Die bereits begonnene Via Nazionale schuf Raum für neue Wohnhäuser, die sich rasch in die benachbarten Viertel des Macao und des Celius ausdehnten, während man dem Gebiet in Richtung San Giovanni stadteigene Wohnhäuser zuwies. Das Ergebnis waren kompakte, monotone Blöcke, die sich wie ein Ölteppich im Osten und Süden der Stadt ausbreiteten. Nicht einmal die Arkaden der Piazza Vittorio Emanuele konnten diese Blöcke verschönern, die sich entlang der düsteren Via Cavour bis ins Zentrum erstreckten. Dieser Plan wurde 1873 entworfen. Er sah die Errichtung des großen Gebäudes des Finanzministeriums vor, in dem auch andere Ämter untergebracht werden sollten.

Man teilte das gesamte Prati-Viertel auf und errichtete dort Blöcke, die die so genannten Schlosswiesen bedeckten, die aus militärischen Gründen unbebaut geblieben waren. Vermutlich war die Ausrichtung der Straßen in dem neuen Viertel eine politische Entscheidung, denn man schenkte Verkehrsproblemen nur geringe Aufmerksamkeit. Das größte Bauwerk im Prati-Viertel ist der Palazzo di Giustizia (1890-1910), der auf einer Achse mit der Via Cicerone, der Via Zanardelli und dem neuen Ponte Umberto liegt. Die Fassade des Gebäudes ist ein Gemisch aus Barock- und Renaissancestil.

Hinter der Grenze, die die Kasernen zwischen der Viale Giulio Cesare und der Viale delle Milizie formen, erstreckte sich die fortschreitende Urbanisierung auf die Piazza d'Armi. Hier kopierte man den Plan, der bereits für die Internationale Ausstellung im Jahr 1911 entworfen worden war und der für die Piazza Mazzini anstelle des üblichen Schachbrett-Musters ein sprossenähnliches Arrangement vorsah. Die Ausstellung erstreckte sich mithilfe des Ponte Risorgimento über den Tiber. Die Brücke wurde als Erste aus Stahlbeton im grünen Valle Giulia errichtet, das seitdem Heimat von Museen und ausländischen Akademien ist.

1911, am 50. Jahrestag der Vereinigung Italiens, wurde das Monument für Viktor Emanuel II. eingeweiht. Es scheint beinahe stolz und ohne einen spezifischen Nutzen für sich zu stehen. Seither hat das Grün der Hügel das Viktorianische aufgelockert, das in die Stadt eingewoben wurde, während die gütige Hand der Zeit das allzu glänzende Weiß und die bombastische Evokation großer hellenistischer Altäre mit einer Patina überzogen hat, sodass sie weniger blendend und fremd wirken.

Der Drang zum Bauen kehrte nach dem Ersten Weltkrieg zurück, wobei man nach mannigfaltigeren Möglichkeiten des Ausdrucks suchte. Das unterschiedliche Niveau wird in den oberen Vierteln am deutlichsten. In den 20er-Jahren gründete die Gartenstadt Monte Sacro eine einzigartige Niederlassung. Sie war an romantischen Idealen ausgerichtet und basierte auf einer stückweisen Teilung des Landes und auf dem gebogenen Ausbau seiner Innenstraßen. Schließlich wurde der Bereich mit neuen Gebäuden überflutet, die das gesamte Gebiet massiv veränderten.

Wenn auch auf andere Weise und in anderem Rahmen, so zeigt das elegante Parioli-Viertel in vielen seiner Straßen doch eine Vorliebe für eine begrenzte Breite, die weder zeitgemäß noch dem motorisierten Verkehr angemessen ist. Zu jener Zeit erreichte die Stadt die Millionengrenze.

Vor dem Hintergrund einer blühenden Wirtschaft, die sich in einem beachtlichen Bevölkerungszuwachs ausdrückte, bereitete man sich auf die protzige Ausstellung im Jahr 1942 vor, anstatt sich um die dringend notwendige Stadteisenbahn zu kümmern, über die bereits seit mehreren Jahrzehnten debattiert wurde. Man beschloss, die Gebäude hierfür vorab zu errichten. Es handelte sich dabei nicht um Mehrzweckhallen, sondern um Marmorbauten, die in einer neuen städtischen Siedlung erbaut wurden. Das EUR-Viertel sollte ein wohl durchdachtes Viertel werden - und genau das wurde es in weiten Teilen auch.

Alles aus jener urbanen Episode lässt sich diskutieren: die Pläne, die gewählten Formen. Man entsprach einfach dem Streben nach Grandeur oder nach Monumentalität. Noch heute wird dies anhand städtischer Initiativen und Kreationen in Paris und Madrid deutlich. Es verstrichen also weitere Jahrzehnte, bevor die römische U-Bahn in Angriff genommen wurde. Nach dem Krieg setzte man im EUR-Viertel jedenfalls neue Pläne um: vom grandiosen Palazzo dello Sport über die modernen Gebäude für Ämter und Ministerien bis hin zu den nahe gelegenen Wohngegenden.

Rom hatte bereits vor dem Ersten Weltkrieg seine Umfassungsmauern gesprengt. Nach dem Zweiten Weltkrieg dehnte es sich noch weiter aus und verschlang mehrere Außenbezirke, die heute zu städtischen Armenvierteln ohne Eigendynamik verkommen sind. Wenn man das ungeordnete Wachstum betrachtet, das sich ohne den Weitblick und die Koordination einer durchdachten Stadtplanung vollzogen hat, erinnert man sich an den weisen Rat, den vor 2000 Jahren das Gesetz »De Urbe augenda« (»Über die Erweiterung der Stadt«) gab, das Julius Cäsar erlassen hatte und Augustus wieder aufnahm.

Das Jahr 1950 war Zeuge der letzten Abschnitte der Öffnung der Via della Conciliazione zur Innenstadt und somit der Beseitigung der Spina dei Borghi. Es herrschte kein Mangel an Kritik, vor allem in Bezug auf die neuen Laternenpfähle des Obelisken, die einem weitschweifigen urbanen Raum eine Art Bündigkeit gewähren sollten vor der Architektur der Renaissance und des Barocks, aber auch neuer Gebäude mit antiken Fronten, die nonchalant demontiert und umgestaltet wurden.

An dieser Situation hat sich bisher nichts geändert. Heute leben drei Millionen Menschen in Rom. Man wartet noch immer auf technische Pläne und ausreichend Finanzen. Inzwischen hat man selbst die Innenstadt vernachlässigt, nicht nur die Viertel und die Peripherien, die sich heute hinter den großen Ringstraßen ausbreiten. Neben dem Erwerb der großen Villa Doria Pamphili gibt es keine nennenswerten städtischen Errungenschaften. Der Niedergang Roms lässt sich nicht aufhalten, wenn man nicht umdenkt. Die Stadt muss sich aus ihrer eigenen Geschichte und aus der tiefen Liebe ihrer Kinder regenerieren.

Its position halfway down the Italian peninsula, and indeed at the very centre of the country, gives Rome the centrality emblematic of a capital city. This observation leads to another less obvious conclusion, namely that Rome's geographical position seems to be the best possible for its climate. Heremore than elsewhere are the cloudless sky and relative freedom from rain one always hopes to find in a large city. Modern forecasting methods and meteorological surveys show how this comes about. The adverse weather conditions that commonly descend on Italy from the North Atlantic and Africa very often seem to lose spirit when they come close to Rome, or even turn slightly aside and skirt round the capital. I have never seen any statistics on the subject, but it must be quite a common experience to find that the weather gets pleasantly better as you travel to Rome, rather than worse. If this does occur, it has nothing to do with the stars, in which too many people believe today. It is the outcome of coincident and perhaps exoteric causes that surround the approach to a city that is both ours and everyone's with a halo of optimism. The very name of Rome arouses the memory of grandiose scenarios and events. Yet it also suggests divergent critical positions, and this itself immediately brings into focus its significance as both human and debatable.

The myth of Rome does not have its true roots in the city's foundation in the distant past, especially since its claim to antiquity pales before that of the more famous civilisations of the East. Nor is it linked to its geographical position, since this was far from conferring any strategical advantage. The founders of Rome were not looking for a landing-place for ships, nor did they even settle on the river haven at the mouth of the Tiber. The myth of Rome is linked to its political virtues and its warlike strength, both of which held sway for a thousand years.

At first, these spirited Latins barricaded themselves on the Palatine, a hill steeper than the rest. It was not long before they and the Sabines established settlements on other nearby ridges rising out of the often marshy river plain.

In its early days, Rome was indeed a collection of far from defenceless shepherds and farmers perched on the edges of the land of the Falisci, an Etruscan people, on one side, and the Alban Hills on the other. The remains of very ancient huts discovered on the Palatine provide evidence of a simple, primitive folk, who, in addition to absorbing the Sabines, succeeded in taking on its neighbours and destroying their closest towns: Alba Longa in the 6th century, and Veio in B.C. 396. These were the significant overtures to a succession of conquests in the forthcoming centuries.

And so we move out of the mists of myth and make our first acquaintance with the historical evidence of the cultural influence exerted by the defeated Etruscans. Apart from the clear architectonic evidence that has come to light on the Capitol, reference must certainly be made to the symbolic bronze statue of the Wolf and the Twins, a 6th or 5th-century work that expresses maternal feelings dispensed with warlike strength, through accents and transitions of form that go beyond the plastic art of the Etruscans.

In the middle of the 4th century B.C., Rome cast an admirable wall some eight kilometres long around the hills on the left bank of the Tiber to embrace its quickly growing population. Known as the Servian Wall, this was eventually outshone by the walls built by Aurelian, which were twice as long and encircled both sides of the Tiber.

When speaking about Rome, one cannot confine one's attention to the area occupied by its inhabitants, since the word itself is synonymous with the entire history of its civilisation. Here was formed the ancient language that took its name from Latium and spread throughout the known world, even beyond the roads and sea routes around the Mediterranean basin. Latin took its place beside the existing literary traditions and in the course of time won the complete upper hand in the West, resulting in the creation of the Romance languages. In every direction, the Roman civilisation expressed itself with a careful eye to practical efficiency, especially in the form of memorable public works and monumental achievements.

Wars in Italy and conclusive victories over so many peoples, including those across the water, such as the Macedonians and the Carthaginians, underpinned Rome's growing political and military path to success. This picture of unending victory was only marred by a few unwelcome episodes, such as the sudden irruption of the Senones, a tribe of Gauls that actually managed to lay siege to the Capitol itself.

In B. C. 146, Rome finally put paid to uncouth Carthage in the West, and then set about the conquest of the refined and by now decadent Hellenistic kingdoms to the East. Domination of the Mediterranean was followed by acquisition of the provinces of Asia Minor, and extension of Rome's frontier to the Black Sea. On land, Julius Caesar's campaigns swept the Gauls into the net, while under Augustus the confines of the new empire were pushed further North-East, from Germania to Moesia.

In addition to its military operations, mention must be made of Rome's vigilant and timely diplomatic activities, and, on the domestic scene, its political and administrative organisation: these were the premises and the foundations of Rome's methodical expansion which, by virtue of the prestige acquired, also took material form in the creation of vassal states, and sometimes even peacefully, as the aftermath of perspicacious farsightedness. Antiochus III, for example, bequeathed the kingdom of Pergamum to the Roman people, and Bithynia was acquired in the same way.

Rome never looked upon its power structure as immutable from one epoch to another. Readjustments and alterations of its institutional system were introduced, including the higher echelons. Even the constitutional dyarchy created by the appointment of two consuls every year was waived when a «consul sine collega» was appointed, or when tribunates and temporary dictatorships were established. Finally, a principate came into being with Augustus and mediated the transformation of the republic into an empire.

The Senate, too, while steadfastly clinging to its prestigious name, often countenanced reforms of its essential prerogatives and its composition. The «cursus honorum» to be followed by seekers of high office, like the iron discipline of the «patria potestas» governing life within the family, became less severe as a result of evolution and the continuous practice of the law, which was almost a religion among the Romans. The «jus civile» and the «jus gentium» came together in the «jus naturale», though every effort was made to safeguard, as long as this was still possible, the prestige of the «civis Romanus», threatened as it was by extension of the right to such citizenship.

From the very outset, and then through appropriate developments, Rome identified and placed responsibility on the shoulders of the individual components of its multiform and increasingly extensive social organisation. Sagacious decisions were made to secure a separation into «comitia» and assemblies with varying tasks and powers, a clear illustration of application of the Roman maxim «Divide et impera» even to the nation's internal affairs. This resulted in serviceable, flexible associations aimed at keeping the social context in order and strengthening its interactions, thus preventing the repetition of the struggle between the classes: the need for such institutions and their effectiveness, as a matter of fact, were exemplified in the apologue of the belly and the limbs related by the consul Menenius Agrippa in B.C. 494. While the stability and functional efficiency of these structures were thus assured over the centuries, the complex administrative model took on original forms and expressive variations indeed.

These flexible political patterns can, I feel, be well rendered in objective terms by comparing them with building techniques and the very essence of architecture. While Horace rightly observed «Graecia capta ferum victorem cepit et artes intulit agresti Latio», it is equally true that Rome's best contribution to art was in the field of architecture. It is thus legitimate to make substantial comparisons within the compass of such significant manifestations.

Various unitary constitutive elements were chosen and proportioned in the methodical employment of «caementum», the Roman concrete that hardened into a coarse, rugged structure which assured the «firmitas» of weight-bearing masonry. Squared off and held by stone coverings and brick curtains, it created the architectural artefacts and divided the architectural spaces to meet the needs of «utilitas», whereas the formal results with their flexibly daring arches and vaults, whose élan recalls birds in flight, varied significantly over the course of time and characterised its figurativeness. The Vitruvian «vetustas» of a completed work was the result of and sprang from the similar logical and operative processes that Rome knew how to employ in shaping its own society for the construction and the life of an empire.

Rome had long since urbanised the flatlands between its hills, transforming them into monumental complexes. In addition to the ancient political and religious centre of the Forum Romanum, the Campus Martius, too, together with the Imperial Fora, the Velabro, and the entire urban fabric hosted splendid temples and buildings, most of which have been lost. The Imperial Palace stood out on the eponymous hill, ever more extensive and sumptuous, while in later times other imperial residences were erected, such as the Sessoriana and that of Maxentius, while the incomparable pile of the Colosseum soon emerged among the works of architecture designed for entertainment and shows, such as theatres and circuses.

The series of majestic imperial baths has in part survived solely in their sturdy masonry structures, which achieved their most daring act in the colossal cupola of the Pantheon. And in this populous city - a million inhabitants in the time of Augustus - the usual house building patterns were joined by others of an «intensive» type. These were the «insulae», high-rise blocks of modest lodgings rendered independent of each other by balconies, forerunners of the typical worker's dwellings of the 19th century. A teeming world enlivened those urban spaces, the basilicas and the arrays of monuments, interspersed with honorary arches and cochlid columns that graphic re-evocations and relief models can but coldly resurrect. Even so, «Roma quanta fuit, ipsa ruina docet».

For more than two hundred years, the imperial organisation, unstable and corrupt as it was, put up fierce resistance to the pressure of peoples beyond its frontiers. Later, however, this pressure built up to such an extent that a series of military emperors elected by the army took to the throne, a period that came to an end when Diocletian carried out substantial reforms and introduced the tetrarchy with its two Augustuses and two Caesars, and a corresponding division of the Empire into a Western and an Eastern half: a division that was continued and given greater emphasis by Constantine's foundation of a new capital in the East, namely Constantinople.

The inexorable decline of the empire was so long drawn out owing to the still powerful political and military organisation and the patterns of internal resourcefulness and containment of external enemies expressed by Rome. This city continued to personify and give a name to a virtually boundless empire that lasted five hundred years in the West alone. Nor did the end of the Western empire in 476 spell the overthrow of Rome, as had been the fate of other famous empires, from the cities of Egypt to Babylon, from Persepolis to Carthage.

This collapse in the West did, however, draw the curtain on the classical «urbs» and set in motion the fatal process of decay. Yet Rome had already become an important centre of Christianity, from which the new faith shone forth.

Even though Constantine transformed Byzantium into the «New Rome», as the capital of the Eastern empire was baptised, the old city was greatly in his debt, for his support of the Christians served to give it other lofty reasons for its existence and development. Indeed, it can be said that he refounded Roma Antiqua at the same time as he was building Roma Nova on the shores of the Bosphorus.

And so it was that Christianity, whose roots had long been buried in the ramifications of the catacombs, was able to come out of hiding and acquire a firm position in the city's solemnities. The exceptional and then insuperable dimension of Constantine's basilicas on the Lateran and the Vatican, with their new, triumphal spaces formulated by very simple lines and architectonic structures, suffice to illustrate the wish and the means to ensure the future fortunes of the city. From the beginning of the 4th century, then, Rome discovered and asserted the new poetry of Palaeo-Christian art by becoming its most outstanding centre.

No other city, indeed, can line up so many Palaeo-Christian monuments that excel on account of their authority and significant typologies. Equal pre-eminence was achieved in the figurative arts, where the mosaics shine in a wide range of examples, and the grand sarcophagi display renewed plastic values.

The invasion of the Visigoths, resulting in the capture and sack of Rome (410), followed by other raids and a further pillage by the Vandals (455) and the eventual fall of the Western Roman Empire (476), led to a substantial change in the city's political position and vilified virtually the whole of its life. Yet it refused to go down, but survived as an ancient symbol. The Senate and civic authorities, which were mere shadows of their former selves, preserved continuity through frail institutions, while an imperial residence of sorts was maintained on the Palatine.

In the meantime, however, as the see of the only Patriarchate in the West, and as the home of the tombs of the two apostles, Peter and Paul, Rome had renewed its prestige, though in a pitiful urban setting. The two institutions had to find, in the name of Rome, a meeting-place and a source of strength through which the future could be faced by maintaining the links with the past. And so it was that, at the end of the 8th century, the city, as the emblem of continuity and the centre of religious power, incredibly found itself regarded as the mythical, mystical omphalos to which the emperors of the Holy Roman Empire were duly to come, from Charlemagne to Frederick III, to be crowned by the Pope in the name of the Populus Romanus.

Odoacer passed away, the Ostrogoths were destroyed. Uneasy relations were maintained with Byzantium. Then at last, the long domination of Italy by the Lombards (568-774) was brought to an end by the Carolingian Franks supported by the pope, who had recently been granted a small territory over which to exercise temporal power.

One cannot untangle the complicated tale of history spun during these dark ages, which, indeed, were darker in Rome than elsewhere. A word or two can none the less be said of the results that emerged from the centuries of struggling, uncertainty and misery.

Peter's patrimony, the papal lands that soon grew into a sizeable principate, could not remain untouched by the manoeuvrings for position and political strife. Even when it was no longer linked to the Hexarchate of Ravenna, splitting the peninsula in two, its upgrading presence was in a position to become the cause or the pretext of vicissitudes that fuelled the well-known historical differentiation of Italy. Whereas the North was already drawn into the circle of Central Europa circuit as early as the 9th century, the South appeared to have been torn away from the rest of the country. Initially on the outer edge of Byzantium's influence, it later became the prey of the Normans, the Swabians, the Angevins and the Aragonese. The events of the Middle Ages provide an eloquent illustration of the geopolitical destiny of this and other peninsulas for which it is harder to attain political unity. Geography itself is against them. Korea is a recent case in point.

The situation, the political struggles and the ecclesiastical disputes that raged throughout the reigns of the Othos, the Salians and the Saxons had no positive repercussions on Rome, which seemed merely to be waiting for a turn in the tide of history.

Owing to the strength of its classical traditions and the persistence of Early Christian forms in its figurative arts, Rome did not catch the fascination of the Romanesque style that was sweeping through Italy and the rest of Europe. While the poverty of its means and the modesty of its proposals offer a justification for this stasis, they do not fully explain why it was that significant Roman churches, still incredibly tied to Palaeo-Christian modules, were erected in both the 12th and the 13th centuries. One example will suffice: the solemn basilica of Santa Maria in Trastevere, erected by Innocent II, a pope who came from a noble Roman family.

Importance may also be attached to the fact that in many other parts of Italy, especially Rome's immediate neighbours Umbria and Tuscany, a very active civic life was pursued during the 13th and 14th centuries, and works of great worth were produced in the flourishing fields of Gothic art. In Rome, on the other hand, inexorable decadence was the order of the day, exacerbated when the Holy See was transferred to Avignon, a period called the «Avignonese Captivity» that lasted seventy years on account of the fierce disputes that lay behind it. Such a humiliation explains the rise and excesses of a demagogue such as Cola di Rienzo, as well as the passionate appeal of St. Catherine to the pope to return to Rome.

When this at last took place (1377), the city gradually got back on its feet. Despite the furore of the Great Schism, both the church and the state were reorganised. The basilicas were repaired and the Vatican was fitted out as the new papal residence to take the place of the decrepit patriarchal palazzo on the Lateran, which had served this purpose for many hundreds of years. A new era was about to dawn for Rome.

It was not until the late 15th century, however, that the need was felt to take significant steps for the renovation of the city's secular buildings. This came about when the popes, whose re-establishment in Rome eventually drew great humanists to the city, began to savour the beauties of the classical civilisation, together with the pleasure of making a name for themselves by ordering the execution of public works and patronising the arts.

Echoes of the Renaissance in Florence took some time to find their way to Rome, though they none the less produced some little gems. Niccolò V was the first of a series of humanist popes. He looked at Rome with a fresh eye and seized the opportunity presented by the 1450 Jubilee to set in motion an extensive programme of innovative restoration works conducted by Rossellino. Of even greater importance was his request to Leon Battista Alberti to draw up a plan for the urban layout of the Borghi and the Vatican, for which he provided a concrete start by erecting a new absidal area in St. Peter s.

Some years later, Paul II began the construction of a grandiose palazzo outside the Vatican. This was designed as a Renaissance royal palace and swallowed up the ancient church of San Marco. Its immense rectangular ground plan, with the short side on what is now Piazza Venezia, matches the exact Albertian proportions reflected in the severe elevations, with corner towers evoking the picture of a fortress. This exceptional undertaking was entrusted to various hands. It has remained uncompleted without greatly conflicting with the precise, authoritative initial concept of Alberti's declining years.

Another exceptional, full-bodied building, with its imposing, yet refined travertine front - the Palazzo della Cancelleria - is more a residence than an ecclesiastical edifice , even though the church of San Lorenzo in Damaso became an integral part of its structure. Begun in 1483 by a nephew of Innocent VIII, it took a long time to build and even received the valuable contributions of Donato Bramante.

The years marched on and soon another jubilee appeared on the horizon. For this, an eager pope - Sixtus IV - embarked on works of a specific urban and social interest: the monumental ward with the high octagon - in transition forms - in the Ospedale di Santo Spirito in Sassia, and the very narrow Sistine Bridge, the only surviving example of a Renaissance bridge, today still oppressed by incongruous and dangerous superfetations. Its elegant figurativeness is rendered clear by Brunelleschian motifs, such as the large, original oculus in the centre and the neat lintels of its arcades.

Through these and other expressions, both disparate and significant, Rome opened its doors to a variety of influences that can be discerned in both noteworthy paintings and in the fronts of its minor edifices. In addition to Gentile da Fabriano and Melozzo da Forlì, a host of illustrious Florentine and Umbrian painters, along with Tuscan sculptors, were summoned to decorate churches and palazzi, particularly the Sistine Chapel and the papal tombs. Thus, in renewing itself the city now seemed

to be looking for a new language, one that would make its appearance at the beginning of the 16th century through the wishes of Julius II and the creative impulse of Bramante.

The projects for the new St. Peter's and the Courtyard of the Belvedere display an extraordinary breadth of vision, and establish both the foundation and the scale for future achievements and initiatives. Furthermore, the layout of Via Giulia provides evidence of this eager pope's interest in the city, while the interrupted and never recommenced construction of Bramante's Law Courts offers an idea of the antagonism aroused in a Capitol jealous of its prerogative in the administration of justice. Rome had now indeed returned to the importance of old magnitude regarding the proposals put forward and the results achieved. The new ferment of ideas attracted artists from elsewhere: Raphael, Michelangelo, Peruzzi and the Sangallos. The Papal States extended their frontiers to incorporate Bologna, Ravenna, Rimini and Urbino, Modena and Parma - all of them acquisitions brought to a conclusion or commenced by Julius II. Rome, in turn, became Italy's leading artistic and cultural centre at the expense of Florence, and also acquired the reputation of being the centre of European art and culture for at least two hundred years.

The city's return to classicism made itself felt at the beginning of the 16th century in a determined, comprehensive fashion that extended to minor details. There was an immediate rejection, for example, of the symbolic crossed windows, which had in their turn replaced the Tuscan-style twin-light windows dear to the Renaissance. At the outset, the classical form was interpreted with seductive pictorial sensitivity in its formal and spatial aspects, and later developed through a more distinctly mannerist approach, especially during the reigns of Julius II and Pius IV. During the subsequent pontificates with their differing approaches to art, another warrent came about and finally blossomed into the characteristic schematism that Domenico Fontana instilled into many works commissioned by Sixtus V. This marked the end of the cultural movement of the Counter-Reformation. These subtle expressive dialectics moved within the compass of an uneasy world which, inter alia, found an outlet in the Sack of Rome, an event that was disastrous for the city, but in no way changed the course of Italy.

Michelangelo makes this contribution through the painted ceiling of the Sistine Chapel, but above all through the Roman works of his later, indeed his declining years, directing his attention more towards visions of the future than entering into the contemporary debate. His St. Peter's and Capitoline palazzi - two complexes of unheard-of expressive force - led him to transcend all the patterns of his time.

The types of the 16th-century churches follow paths traced out earlier, the main variations being in their decorations, whereas the palazzo type was established ex novo at the beginning of this century, characterised by an architraved architectonic ordering on its fronts, above a high basement.

This pattern, which was immediately introduced when Bramante took up his abode in Rome, lent itself to variations and embellishments. It appeared to have already surpassed the Raphael school itself, which drew on more complex and fruitful solutions, by disciplining the introduction of mezzanines and a second master floor. While meeting practical needs, the unbridled phantasy of composition did not refrain from proportional adjustment of fronts by acting on string-courses and the alternation of empty and full spaces, which do not lose their value, even if inserted in plastic or pictorial decorative settings. A typical inversion of the original arrangement is offered by the curved façade of Palazzo Massimo, where Peruzzi set the ashlared façade above the ground-floor columns that characterise the building and its denomination.

In the 16th century, in Rome, secular buildings rather than new churches were built. The palazzo is a subject proper to 16th-century Rome, when architects widely experimented with it in various scales. A good example is the new Campitelli quarter, whose universal mark of distinction is late-16th-century palazzi, both large and small.

The penchant for decoration directed its tensions to the fronts. No longer evident in Palazzo Branconio, an ingenious work by Raphael that has since been destroyed, it is well represented in Rome by Palazzo della Spada, particularly through the coherence of its façade with the stucco decorations of the courtyard and the interiors.

The monumental model of the other current is supplied by the severe edifice erected for Paul III by Antonio da Sangallo, whose pronounced cubic volume is re-echoed in the courtyard and the lofty hall. The «Farnese Dado» remained an archetype that brooked no repetitions or popularisations. Its patterns of composition were only expressed in minor examples and with varied accents, from the severity of Palazzo Caetani to the dignified decorative approach of the many civil buildings by Giacomo della Porta to Palazzo Mattei by Giove del Maderno towards the end of the century. Yet it was only the great Lateran palazzo that took up and exalted the rugged, cubic shape of the Farnese. The fervid pontificate of Sixtus V proved of fundamental importance to Rome. The many buildings completed or merely started in the five-year period from 1585 to 90 appear to be set in an original urbanistic vision hinged on a star-like system of streets and the new Felice aqueduct carrying water to the upper quarters within Aurelian's wall, from the Esquiline to the Quirinal, to which real opportunities of proper living were given.

The new straight road that runs from Trinità dei Monti along what are now Via Sistina, Via Quattro Fontane, Via Agostino de Pretis, Via Carlo Alberto, and Via Conte Verde to the church of Santa Croce in Gerusalemme can be mentioned as the largest. It extends for about three and a half kilometres, but there are many other arteries, including external routes, mostly conceived to facilitate the pilgrimages, which have proved their usefulness during the development of the building of the capital. The Christian significance and severe civic decorum sought by the pope were exalted in the implemented proposal to set up the neglected ancient obelisks in prominent places and endow them with the symbol of the Cross. They also gave an upward thrust in keeping with the soaring aspirations congenial to the spirituality and architectonic synthetism associated with this pontificate.

Lastly, among the pope's initiatives and social works mention may be made of the building specifically erected at the bottom of Via Giulia for the declared purpose of gathering together all of Rome's beggars.

Even in the closing years of the 16th century, Mannerist painting was being obscured by the very much admired Caraccis and the Bolognese masters. The loggia of Palazzo Farnese represents a decisive step forward in quality especially when compared with the modest decorations of Sixtus V. Then the disturbing Caravaggio reflected his own contrasts as one century gave way to the next by exploring aspects and movements of the popular world, and by stressing scenic, dramatic effects. Even if he cannot to be called an advocate of Baroque, his message appears relevant to it in its seeking after novelty and movement.

It was in the very last years of the 16th century, however, that the true change of course was imposed on the history of art. The point can be discerned in the Sala Clementina, the largest of all the Vatican palazzi, where the luminous paintings - particularly the airy frescoed vault - provide the first concrete affirmation of the aspirations towards a new spatiality. They are the certainly not famous works of the brothers Cherubino and Giovanni Alberti. Designed to conclude the otherwise unexceptional hall, they came in to do away with its wooden ceiling, raise its volume and open up its sky. It can well be said that at the beginning of the 17th century the new aspirations of Baroque burst forth in Rome, while the works that characterise the city were started

The visual preferences of the Florentine Quattrocento - indicated in the renowned small works painted by Brunelleschi, and introduced in urban alignments, as in painted and sculptured representations - were enriched in the 16th century by a search for lateral views: the rigid longitudinal perspective was enfeebled by the lateral addition of other visual axialities, transforming itself into an urban trident. The background thus lost importance, while explorations vertical to the visual axes were also experimented with. In this phase, Rome was the first to make its mark with the trident of Piazza del Popolo - similar to that yearned for by Alberti for the Borghis, here designed and weated by Raphael.

In the 17th century, the city extended its own spatial ambitions by widening the opening of the trident in order to reach the wide view corresponding to a fiat angle. This is the way the new Piazzas Collegio Romano, Santa Maria in Campitelli and Chiesa Nuova were shaped. Efforts were also made to adapt others in the same way, as was done in the case of the Piazza Navona, where a transverse directrix guides the eye from the monumental church of Santa Agnese to Bernini's well-known Fountain of the Four Rivers.

Without moving on to the exemplification of internal settings presented to the observer from their long sides, there is a pressing need to focus on the architectonic concepts conferred on the round angle that presupposes an observer turning 360°, as is done in this book.

The arcaded curve of St. Peter's Square which finds its ideal analogy solely in the shape of the large spaces of the Imperial Fora, installed on orthogonal axes, is an exemplary achievement. In reality, it is an unrepeatable solution of symbolic value one cannot partially or completely reproduce; however, one must not forget the circular shape imposed on Rome's Piazza del Popolo in Napoleon's plans, following the spread of circular shapes not only for churches, but also for forecourts, halls, courtyards and urban spaces. Gian Lorenzo Bernini triumphed in Rome among a Pleiad of great Baroque artists on account of his exceptional plastic gifts and the equilibrium and compositive rhythm of the works with which he enriched the city and the Borghese Museum. The triad of famous architects is completed by Francesco Borromini with his continuous, unexpected search for forms, and Pietro da Cortona with his intense decorative potential. Yet there are many others who should not be passed over in silence: mention may solely be made of Flaminio Ponzio as the initiator of Baroque and of the magnificent Borghesian courtyard, Carlo Rainaldi with his burgeoning church of Santa Maria in Campitelli, and, at the end of the period, Ferdinando Fuga for the ingenious façade of Santa Maria Maggiore and the polyvalent Palazzo della Consulta.

In the 17th and 18th centuries, the Roman palazzi accentuated their importance and became larger and more sumptuous due to the effects produced by the development of their internal structure: for this purpose, some even resorted to dual staircases, as in Palazzo del Quirinale, Palazzo Borghese, Palazzo Barberini, Palazzo Chigi and Palazzo Corsini.

The fronts were very varied, even when designed by the same artist: Bernini composed those of Propaganda Fide, Montecitorio, and Palazzo Barberini and Palazzo Odaleschi whereas a very great degree of originality would have been displayed by the unbuilt edifices proposed by Cortona for Piazza Colonna and Borromini for the residence of the Carpegnas.

Leaving aside some palazzi erected for special public requirements (Montecitorio, Consulta), the others were set up for individual great families. It became the custom for the relatives of each new pope to built a palazzo, a villa and a chapel for their family, exalted by the reigning pontiff. The establishment of large building sites provided Roman craftsmen with a source of work and the population grew considerably during this century.

The first to bring the triple ambitious programme to a conclusion were the successors of the Borghese pope, Paul V. The grandiose, very original palace was immediately followed by both the nucleus of the celebrated villa with the Casino designed by the architect Ponzio and the family chapel in Santa Maria Maggiore: the latter - similar to and placed opposite that of Sixtus V - dilated the transverse speciality of the Palaeo-Christian basilica, resulting in the unexpected insertion of a transept, while on the outside it later offered Rainaldi the chance of unifying in a solemn ternary composition the monumental rear face with the two cupolas and the interposed apse standing out on the Roman skyline.

Next the Ludovisi, Barberini, Pamphili, Altieri, Odescalchi, Chigi and Corsini families participated in the strange competition that was to make Baroque Rome even more sumptuous and famous, especially when it was found that a chapel could even be made a church, like the gorgeous Sant'Agnese, that a palazzo could increase its stature by the contiguity of its gardens, such as those of Palazzo Barberini and Palazzo Corsini, and that a villa could attain the boundless dimensions of Villa Pamphili, or enrich the Tusculan hillside, as is done by the imposing edifice of the Aldobrandinis. The last palazzo to be built for a papal family was that of the Braschis: it stood on the trapezium-shaped area of an entire block, partially looking out onto Piazza Navona with its now composed architecture and considerable size.

The Baroque churches vary strikingly through the expressive richness of the spatial, plastic and formal values expressed on their façades and interiors. Even for the Roman churches, one cannot speak of a type; they are all the exemplary fruit of original research displayed for the world's admiring imitation.

In addition to the articulated circular patterns, particular success was also enjoyed by the elliptics, previously proposed in Rome for the first time by Peruzzi and then experimented with by Vignola. Bernini naturally - and in keeping with his spatial predilections - loved to present his own elliptical interiors, and not only for churches, with the major axis set transversely: in this way, he completed the masterpiece of Sant'Andrea at the Quirinal, and, in this way, he also began the Oratorio di Propaganda Fede that Borromini managed to have demolished, replacing it with his own architecture, after adopting the subject of the ellipse, though this time seen lengthwise, in San Carlino alle Quattro Fontane.

The ground plans and volumes of the Baroque churches were varied and complicated in continual, attractive researches resulting in tall domes emerging into the panoramas to be seen from the Pincio and the Janiculum. Inside, fancy was given free rein in particular solutions employing choice materials and colours to the point of creating artificial scenes between the chapels and conferring on the altars a rich decoration and spectacular appearances bordering on the theatrical. Complete freedom was accorded to the phantasy of the artists that determined the splendour of Baroque Rome. Solely the headquarters of the Company of Jesus, in Rome suggested a standard pattern for its countless churches in every continent, though this did not have to be adopted.

After what has been said with respect to art, the 17th century in Rome was also the century of inventions, where the 16th century had been pervaded by recherché variations on the same theme. The beginning and end of Roman Baroque, which spilled over into part of the 18th century, are marked by two similar, but unrepeatable urban scenarios: the Fontanone dell' Acqua Paola on the Janiculum and the monumental Fontana di Trevi, nonchalantly sculptured on a palazzo to take up a whole square. The city of fountains ended up by transforming them into spectacular «water shows». Rome was not content with timid sprinklings, but indulged in roaring, torrential cascades. Artistic primacy and the recognised function of acting as a guide remained the apanage of Rome until pre-eminence fell to Louis XIV's Paris, on account of the marvellous slant given to its grand external spaces and the very refined qualities of its operators and artistic craftsmen.

In the 18th century, there became clear in Rome a singular relation between politics and art that found expression in an early evolution of taste. This can be identified in the architectonic conjuncture of the Thirties, when Clement XII encouraged his fellow-citizen Alessandro Galilei, who had lived in England and brought with him new ideal. His victorious design in the competition for the facade of San Giovanni in Laterano (1732) constituted an objective prefiguration of architectonic Enlightenment, Neo-Classicism in a word, and revealed the advanced cultural standpoint of the Roman Court.

The intricacies of European history that ended with the domination of Spain immediately put a stop to the movement towards innovation, and promoted the traditional artistic output with its many developments: these are evident in Rome, with very different sensitivities and moving forces, by the church of the Maddalena (1734) and by the Palazzo Doria al Corso (1735), culminating in Fuga's refined, yet vibrant, facade for Santa Maria Maggiore (1743-50), the most finely gauged expression of the Roman Settecento.

This century, so innocent of pompous self-assertion, expressed itself willingly in landscape and urban episodes, such as the «Bureaux» of Piazza Sant'Ignazio, or in the plastic modulations of open-air stairways, such as the well-known steps of the Piazza di Spagna, and the minuscule Bosco Parrasio degli Arcadi.

At the end of the century, the events occurred that overthrew the world of those days and changed the Roman political climate that had enjoyed a long period of tranquillity throughout the 17th and 18th centuries. The events that radiated out from France to rock Europe reawakened papal Rome, especially in the incident connected with the name of Nicholas-Jean-Hugon de Basseville, and the glorious episode of the Repubblica Romana (1798-99), with Giuseppe Mazzini and the Triumvirate.

The delayed approach to Neo-Classicism did not lead to exceptional achievements nor expressive heights, but solely to very dignified forms, especially in sculptures. Above all, there was a total lack of originality. Mention may none the less be made of the emblematic restoration, or, to be more honest, reconstruction of San Paolo fuori le Mura after a disastrous fire. The result was a monument of a solemn Neo-Classical appearance which originally was an immense 5th-century basilica. In the second half of the 19th century, there was the noteworthy activism of the long pontificate of Pius IX, who set out to modernise the city by introducing the railway and an industry or two - among others a tobacco company - and also opening it up to iron technologies. The public and social works which are their existance to his influence include the Termini railway station and the Verano cemetery.

Pius IX's artists moved from Classical to Renaissance forms with occasional ventures into the Middle Ages that left models revised later. He himself was primarily concerned with his churches. Restoration work on a both a large and a small scale was done on their fronts and interiors. Through his infinite interventions, the churches were in the end fitted with typical painted and gilded decorations. In expectation of the fateful breach of the city walls at Porta Pia (1870), through a set of initiatives he set out to endow them with an affectionate viaticum .

The Rome the pope was thus to leave to Italy was a tranquil, somewhat sleepy city of two hundred and twenty thousand souls that occupied only a part of the area embraced by the Aurelian, Janiculum and Vatican walls, including - except in the West - a large band studded with villas, vegetable gardens and parks.

The most important road in those distant days was the ancient Corso, which ran from Porta Flaminia, where visitors arrived, to what is now Piazza Venezia, from which one could reach any of the Southern points of the city. And it was along the Corso - running through the thickly populated core of the city - that the first horse-drawn tram line was set up. No tickets were given to the passengers. The presence of each person was indicated by a slate with a chalk mark, which had to be crossed out when the traveller got off. Another main street came from Piazza Venezia. It ran along the now straightened part of today's Corso Vittorio to join, as the «papal way», Via Governo Vecchio, Via Banchi Nuovi and Via Banco di Santo Spirito, before ending at Ponte Sant'Angelo, which was one of the only three places where the city stretch of the Tiber could be crossed.

From the Southern head of this bridge, situated in the centre of the great loop formed by the river, several roads fanned out. The first was Via Tor di Nona, connected along Via Condotti with the Piazza di Spagna and Trinità dei Monti area, almost an equivalent of today's Via Veneto. This and other streets running parallel to the Tiber reflected the rear of their houses in the river to produce casual, pictorial effects. The remaining roads of the fan were arranged in the form of a trident and grafted themselves on others, collecting the traffic from distant parts of the city. It could be said that the whole road system had modelled itself over the centuries so as to head towards the only bridge leading into the Leonine City, i.e. the religious and political centre of Rome.

It seems impossible to believe today, but in those days the furthest inhabited areas were those of Piazza Barberini - later recognised as nothing other than the centre of gravity of the city - Santa Maria Maggiore, where late at night a bell (the «sper-

duta») still served as a guide for uncertain travellers, and the Caelian, which was sprinkled with nothing other than convents.

The «Piedmontese» quickly addressed themselves to the many problems raised by the elevation of Rome to the rank of a capital city, and sought to solve the most pressing questions with informal dignity. Rejection of Haussmann's suggestion that a new Rome should be built on Monte Mario and the absence of any other brilliant solution, meant that the matter was handled in the bureaucratic fashion right from the start: the Quirinal was already a second Royal Palace, and was immediately occupied by the Court of Victor Emmanuel II. The former convents were taken over by ministries and offices, and Palazzo Montecitorio and Palazzo Madama were refurbished to receive the Parliament. The problem of flooding by the Tiber was another urgent matter, one that also attracted the personal attention of Garibaldi. To protect the lower part of the city from the sort of floods that had taken place during the course of history, it was decided to set up embankments. These continuous, smooth walls, broken only by the ancient bridges, then by the provisional bridges, and then by the new ones, changed the Tiber landscape. They also resulted in the destruction of the attractive Porto di Ripetta and Porto Ripa Grande, and wiped out the Ghetto. On the other hand, they formed the tree-lined riverside roads now used as possibly faster moving arteries.

For the new edifices it was decided to build near Termini Station, the Sistine roads of the Esquiline with Villa Montalto, and the already begun Via Nazionale provided areas and alignments for the erection of dwellings, immediately extended into the neighbouring Macao and Caelian quarters, while the zone towards San Giovanni was allocated for council houses. As a result, a host of compact, monotonous blocks spread like an oil slick across the East and South quadrants of the city, doing nothing to ennoble them - not even with the ground-level arcades of the enormous Piazza Vittorio Emanuele - and dropped towards the centre along the gloomy Via Cavour, without concluding it in the outlets and backgrounds.

This initial plan was drafted in 1873. It included and was followed by the immediate creation of the large Finance Ministry building, designed to accomodate other offices as well. A choice that consisted of the area of greatest prestige within the proposed extension zones.

The entire Prati quarter was then divided up and filled with blocks of buildings covering the so-called «Castle Meadows» that had been left free of buildings for military reasons. The directions given to the streets in the new quarter, were probably the result of a political decision because no attention was paid to traffic problems.

The largest edifice in the Prati quarter is the Palazzo di Giustizia (1890-1910), which lies on the same axis as Via Cicerone and Via Zanardelli and the new Humbert Bridge. Its solemn decorative score, whose intention was to draw its inspiration from the Cinquecento, displays a «continuum» of varied motifs and formal redundancies that does not win the appreciation of our eyes, nor did it even before the colour of the travertine on the fronts was altered.

Beyond the barrier formed by the barracks built between Viale Giulio Cesare and Viale delle Milizie, subsequent urbanisation invaded the Parade Ground, copying the plan already prepared for the International Exhibition of 1911, which, instead of the customary chequer-board pattern, preferred a spoke-like arrangement for Piazza Mazzini. This exhibition had extended across the Tiber via the daring Risorgimento Bridge, the first to be built in reinforced concrete, into the green Valle Giulia, which has since then been the home of museums and foreign academies.

The monument to Victor Emmanuel II was also inaugurated in 1911, the fiftieth anniversary of the Unification of Italy. Standing almost proudly aloof from its environment, and devoid of any specific utility, and indeed, perhaps for this very reason, it came on its own to answer to the then widespread aspiration towards monumentality. The green of the pines has since eased the insertion of the Vittoriano into the fabric of the city, while the kindly hand of time has begun to cast a patina to dull the over-brilliant white and bombastic evocation of grand Hellenistic altars, rendering them less dazz-ling and extraneous.

The building urge got back under way after the first world war with more varied searches for expression. The difference in level is best appreciated in the less intensive upper quarters.

During the Twenties, the Monte Sacro garden city constituted a stand-alone settlement. Directed towards Romantic ideals, it was based on a very piecemeal fragmentation of plots and on the curved development of its inner streets. Reached in the end by the outflowing tide of new building, the whole area was eventually transformed on a massive scale.

Albeit in a different position and on a different scale, the elegant Parioli quarter also displays a penchant towards limited width in many of its streets, which are not in keeping with this day and age, nor the expectations of motor-driven traffic. Yet it was in this period that the city reached the one million mark.

Against the background of a prosperous conjuncture marked by a notable growth in the population, instead of starting the construction of an indispensable metropolitan railway, of which there had been talk for several decades, provision was made for a showy exhibition in 1942, and it was decided to build its locations in advance. These were not to be multipurpose containers, but marble edifices assembled in a new urban settlement. The EUR zone was designed to become, and to a great extent did become, a quarter elaborated in accordance with a single plan inspired by an improbable classicality, with an overriding indulgence in scenic effects, overlooking their pertinent functional utility and efficiency.

Everything about this urban episode is debatable: from what was proposed to the plans drawn up, from the spirit of celebration to many of the forms chosen: it responded, however, to a need for grandeur, or to be more honest a need for monumentality innate in the peoples of Latin origin. This is still evident today in the urban initiatives and creations to be seen in Paris and Madrid. It was thus that the Roman underground railway had still to wait further decades before it was even begun. After the war, at all events, other initiatives were implemented in the EUR zone: from the grandiose Palazzo dello Sport to the modern locations for offices and ministries, together with the residential establishments nearby. Rome had already spilled over its boundary walls before the first war and expanded much further after the second when it swallowed up a number of surrounding «boroughs» that have now become poor urban agglomerations devoid of a life of their own. Orderless growth due to the absence of an overall or at least a coordinated view that has also taken place free from the restraints of town planning brings regretfully back to mind the sage advice expressed two thousand years ago in the law «De Urbe augenda» (On the enlargement of the City) enacted by Julius Caesar and taken up again by Augustus.

The Holy Year 1950 witnessed the final stages in the opening up of Via della Conciliazione in the inner city, thus putting into effect the remote and already approved proposal to do away with the Spina dei Borghi. There was no dearth of criticisms, particularly with regard to the novelty of the obelisk lamp-posts, which were intended to impose some sort of alignment on an extended urban space faced by Renaissance and Baroque works of architecture, but also by new edifices with ancient fronts, nonchalantly dismantled and recomposed.

In recent decades, the situation has unfortunately got no better. The population has swollen to three million inhabitants. Technical plans and sufficient finance are still awaited. Meanwhile, even the inner city, not only the quarters and peripheral boroughs that are now bursting out beyond the great ring road, has not received appropriate attention, nor can one point to urban achievement of note, apart from the acquisition of the grand Villa Doria Pamphili. A long period will run the risk of passing into history without leaving anything of note behind if new stimuli are not forthcoming, and if the degradation of the city and the insufficiency of its services, evidence of a hastening, though not unrestrainable decline, are not countered by a U-turn allowing Rome once again, as on so many other occasions across the centuries, to refound herself on her own history and on the deep affection her children continue to shower on her.

Fotos Photographs

Enrico Formica

1. / 2. ▶

4.

5.

1.
Die Kapitolinische Wölfin.
The Capitoline Wolf.

2.
Blick vom Janiculum über Rom.
A panorama of Rome from the Janiculum.

3.
Engelsburg mit Engelsbrücke.
Castel Sant'Angelo with the monumental bridge.

4.
Die Engelsburg bei Nacht.
Castel Sant'Angelo by night.

5.
Piazza Campo dei Fiori. Denkmal für Giordano Bruno.
Piazza Campo dei Fiori. The Giordano Bruno monument.

6.
Piazza Esedra. Najadenbrunnen.
Piazza Esedra. The Naiads fountain.

7.
Piazza del Pantheon.

M·AGRIPPA·L·F·COS·TERTIVM·FECIT

8.
Der Elefant der Minerva.
The small elephant of the Minerva.

9.
Piazza Navona. Im Vordergrund die Fontana del Nettuno.
Piazza Navona with the Nettuno Fountain in the foreground.

10./11.
Blick über die Dächer von Rom.
An array of domes in the Roman sky.

12.
Das Monument für Viktor Emanuel II.
The Monument to Victor Emmanuel II.

13.
Der Altare della Patria bei Nacht.
The Altar of the Fatherland at nightfall.

◄7. / 8.

9. ►

TABACCHI
T

10.

11.
12.

PATRIAE VNITATI

CIVIUM LIBERTATI

◄ 13.
14.

14.

Die Fontana di Trevi: einer der meistbesuchten Brunnen der Welt.
The Trevi Fountain: one of the most popular in the world.

15.

Coppedé-Viertel.
The Coppedé Quarter.

15. ►

16.

16.
EUR. Palazzo della Civiltà del Lavoro.
EUR. The Palazzo della Civiltà del Lavoro.

17.
EUR. Viale della Civiltà del Lavoro.

18.
Santa Maria in Trastevere.

19.
Gläubige auf dem Petersplatz während einer päpstlichen Benediktion.
A large congregation in Piazza San Pietro during a Papal benediction.

20.
Blick von der Tiberpromenade auf den »Cupolone«.
The «Cupolone» seen from the Lungotevere.

VN POPOLO DI POETI DI ARTISTI DI EROI
DI SANTI DI PENSATORI DI SCIENZIATI
DI NAVIGATORI DI TRASMIGRATORI

IN HONOREM PRINCIPIS APOST PAVLVS V BVRGHESIVS ROMANVS PONT MAX AN MDCXII PONT VII

18.

19.

20.

21.

21.

Wasserspiele auf dem Petersplatz.
Water effects in Piazza San Pietro.

22.

Wasserspeier in der Via della Conciliazione.
A small fountain in Via della Conciliazione.

23.

Licht und Schatten unter den Säulen Berninis.
Light and shade amid the Bernini columns.

22.
23.

24.

24.
Eine typische römische Droschke gegenüber der Peterskirche im Vatikan.
A characteristic Roman «botticella» (tourist carriage) in front of the Basilica of San Pietro.

25.
Kaiserforen. Der Severusbogen und die Kirche Santi Luca e Martina.
The Imperial Fora. The arch of Septimius severus and the church of San Luca and Santa Martina.

26.
Kaiserforen. Das Ende der Via Sacra mit dem Severusbogen.
The Imperial Fora. The end of the Sacred Way with the arch of Septimius Severus.

27.
Blick vom Kapitol auf die Kaiserforen.
The Imperial Fora seen from the Capitol.

28.
Die Maxentiusbasilika, die Kirche Santa Francesca Romana und der Titusbogen.
The Basilica of Maxentius, Santa Francesca Romana and the Arch of Titus.

29.
Das Kolosseum.
Colosseum.

30.
Das Kolosseum und das umliegende archäologische Gebiet.
The Colosseum and the archaeological area around it.

31.
Konstantinsbogen und Kolosseum.
Constantine's Arch and Colosseum.

32.
Konstantinsbogen.
Constantine's Arch.

PROPAGATVM

SENATVS POPVLVSQVE
INCENDIO CONSVMPTVM

29.

30.
31. ▶

33.

33.
Die Kirche Santa Maria della Consolazione.
The church of the Consolation.

34.
Marcellustheater.
Teatrum Marcelli.

35.
Janusbogen.
The Arch of Janus.

36.
Der Janusbogen und die Kirche San Giorgio al Velabro.
The Arch of Janus and the church of San Giorgio al Velabro.

37.
Cestius-Pyramide und Porta San Paolo.
The pyramid tomb of Cestius and Porta San Paolo.

38.
Tiberinsel. Ponte Rotto.
The Island in the Tiber. The Broken Bridge.

35.

36.

37.

39.
Panorama des Herzens von Rom: die Piazza Venezia, der Altare della Patria, die Kirche Santa Maria in Ara Coeli und das Kapitol.
360° panorama of the heart of ancient Rome: Piazza Venezia, the Altar of the Fatherland, the Ara Caeli and the Capitol.

40.
Piazza di Spagna. Menschenmenge auf der Treppe der Kirche der Trinità dei Monti.
Piazza di Spagna. Massive crowd on the steps of Trinità dei Monti.

MISSONI
MISSONI
MISSONI
piazza del popolo
fontana di trevi
s. pietro

Dior
Dior
eccetto taxi e
veicoli diretti
aree interne
0-24

M

41.

Keats Shelley Memorial Association
centenary
1903·2003
scoprite il segreto nascosto di Roma
discover Rome's hidden secret
26
27

BYRON

41.

Das Trajansforum von der Säule Apollodors bis zur Loggia der Cavalieri di Rodi.
Trajan's Forum seen from the Apollodorus Column to the Loggia of the Knights of Rhodes.

42.

Die Kirche der Trinità dei Monti.
The church of Trinità dei Monti.

43.

Tempel des Marte Ultore.
The temple of Marte Ultore.

42.
43.

44.
Die Foren, das Monument für Viktor Emanuel II. und das Kapitol am Abend.
The Fora, the Monument to Victor Emmanuel II and the Capitol at nightfall.

45.
Piazza del Campidoglio.

USEI CAPITOLINI
PALAZZO NUOVO

46.

46.
Treppe zur Kirche Santa Maria in Ara Coeli.
The stairway to the Ara Coeli.

47.
Fassade des Senatorenpalastes.
The façade of the Palazzo Senatorio.

48.
Tiberinsel. Ponte Fabricio bzw. Ponte Quattro Capi.
The island in the Tiber. The Fabricio or Quattro Capi bridge.

47. / 48. ►

49.

49.
Die Kirche Santa Maria in Cosmedin.
The church of Santa Maria in Cosmedin.

50.
Bocca della Verità (Mund der Wahrheit).
The Bocca della Verità.

51.
Blick vom Vestatempel auf die Piazza Bocca della Verità: Tempel der Fortuna virilis, Janusbogen und die Kirche Santa Maria in Cosmedin.
Piazza Bocca della Verità seen from the Temple of Vesta. The Temple of Fortuna Virilis and the church of Santa Maria in Cosmedin can be seen.

52.
Blick vom Garten der Orangenbäume auf dem Aventin über Rom.
A panorama of Rome from the Orange Garden on the Aventine Hill.

53.
Piazza del Popolo.

50.

COMANDO REGIONE
CARABINIERI LAZIO

PIVS · VII · PONT · MAX
AEDEM · HANC
QVAE · IN · FORI · PROSPECTVM
EXCITATA · EST
ARTIFICVM · OPERIBVS
PVBLICE · SPECTANDIS · DESTINAVIT
ATQVE · OMNI · CVLTV · INSERVI · IVSSIT
PONT · ANNO · XXIV
PIAZZA DEL POPOLO

55.

HIER·S·R·E·PR·CARD·GASTALDVS

54.
Brunnen auf der Piazza Pietro d'Illiria.
The fountain in Piazza Pietro d'Illiria.

55.
Via Appia.
The ancient Appian Way.

56.
Via Appia. Grabmal der Caecilia Metella.
The tomb of Caecilia Metella along the Appian Way.

57.
Sonnenuntergang über dem Tiber.
Sunset over the Tiber.

58.
Der Engel über der Engelsburg.
Castel Sant'Angelo. The Angel.

54.

58.

Historische und kunstgeschichtliche Recherchen
Research on the history and art history of Rome

Giovanna Tavazzi

1.

Seit Urzeiten gilt diese berühmte Statue als Emblem der Ewigen Stadt. Sie ist in aller Welt das unverwechselbare Symbol Roms. Die auf dem Kapitol thronende Statue, die Wind und Wetter ausgesetzt ist, ist allerdings eine Kopie. Die Originalbronze datiert aus dem 6. oder 5. Jahrhundert v. Chr. und ist das Werk eines unbekannten etruskischen Künstlers. Sie wird im Museo dei Conservatori aufbewahrt. Die Beschädigungen an den Hinterläufen der Wölfin könnten ein Hinweis darauf sein, dass es sich bei der Statue um das von Cicero beschriebene Werk handelt, in das 65 v. Chr. ein Blitz einschlug. Die Zwillinge wurden erst gegen Ende des 15. Jahrhunderts von Antonio del Pollaiolo hinzugefügt. Man wollte eine Statuengruppe schaffen, die ein bedeutungsvolleres Symbol für Roms legendären Ursprung darstellt.

This well-known statue has served as the emblem of the Eternal City from time immemorial and is still the unmistakeable symbol for Rome in all corners of the world. Not surprisingly, the work on the Capitol thus exposed to the weather and the open air in general is a copy. The original bronze, now carefully preserved in the Museo dei Conservatori, has been made by an anonymous Etruscan artist in the 6th or 5th-century B.C. That statue is probably the one described by Cicero as having been struck by lightning in B.C. 65, since signs of this kind of damage can be seen on the hind paws of the she-wolf. The twins, by the way, are a very much later addition. They were included by Antonio del Pollaiolo towards the end of the 15th century, when it was decided to form a group that would serve as a more meaningful symbol of Rome's legendary origin.

◀ 0 | 90° | 180° | 270°

2.

Rom kann mit einer 3000-jährigen Geschichte aufwarten. Der Blick schweift über die Stadt, erfasst antike Ruinen, die an die einstige Größe erinnern, mittelalterliche Türme, barocke Kirchen und anmaßende Monumente, die seit der Vereinigung Italiens errichtet wurden und weit davon entfernt sind, zu überzeugen. Die unvergleichliche Stadt, in der jede Straße, jeder Stein die tiefen, einzigartigen Zeichen des Wandels der Zeit trägt. Dennoch haben die vielen Monumente der Vergangenheit Rom weder kalt noch hochmütig gemacht. Die sanften Hänge der umliegenden Hügel, die Gärten des Janiculum, der Pincio, die Villa Borghese und das silberne Band des Tiber machen Rom zu einem Ort, an dem Geschichte und Natur Hand in Hand gehen. Eine lebendige Stadt, freundlich, klar und sonnenverwöhnt, eine Stadt mit besonderen Qualitäten, die eine allumfassende Schönheit unterstreichen.

Rome can look back over thirty centuries of history. A thought that inevitably comes to mind as the eye sweeps over the City as a whole in an all-embracing discernment of ancient ruins, reminders of erstwhile grandeur, mediaeval towers, Baroque churches and the overpowering monuments erected since the Unity of Italy. The one and only urbs, in which every street and every stone are deeply and inimitably scored with signs of endlessly changing times. Even so, the presence of so many monuments to the past has not made Rome cold nor haughty. Surrounded by the gentle slopes of the neighbouring hills, girdled with green knolls, the gardens of the Janiculum, the Pincian and the Villa Borghese, crossed by the silvery stream of the Tiber, Rome is a place where history and nature go hand in hand. A city that is alive, gentle, luminous and blessed by the sun, and hence with all the qualities that underlie infinite beauty.

3.

4.

Viele Gemälde und Kodexe aus dem Mittelalter porträtieren eines der ersten Symbole Roms: eine kreisrunde Festung mit Türmchen. Es handelt sich hierbei um die stilisierte Fassung des Monuments, das heute als Engelsburg bekannt ist und mit der Trajanssäule, dem Kolosseum und

A circular, turreted fortress can often be seen on the first symbolic portrayals of Rome, and many paintings and codexes dating from the Middle Ages. It is the stylised version of what is now called Castel Sant'Angelo, and was regularly used along with Trajan's Column, the Colosseum and

dem Konstantinsbogen der Identifikation der Ewigen Stadt dient, denn all diese Bauwerke sind berühmt für ihr Alter und ihre Bedeutung im Verlauf der Geschichte. Die Burg war ursprünglich die letzte Ruhestätte Kaiser Hadrians. Eine Beisetzung im Augustus-Mausoleum war unmöglich, deshalb ordnete der Herrscher im Jahr 135 den Bau dieses Grabmals für sich und seine Nachfolger an. Die Anlage bestand ursprünglich aus einem 84 m umfassenden Bereich, der mit Marmor und Statuen verziert war, umgeben von einem zylindrischen Gebäude mit einem Durchmesser von 64 m, über dem eine Quadriga thronte, die der Kaiser lenkte. Diese Darstellung entsprach der Apotheose des Herrschers. Über eine Galerie gelangte man in die Sargkammer. Als Kaiser Aurelian 271 beschloss, Rom mit einer neuen Befestigungsmauer zu umgeben, diente ihm das Mausoleum als Brückenkopf auf der anderen Seite des Tiber. Damit begann seine militärische Verwendung und infolgedessen seine Umwandlung. Unter Theoderich dem Großen diente die Engelsburg erstmals als Gefängnis, eine Rolle, die sie bis zu ihrer Restaurierung 1901 innehatte. Papst Alexander VI. (Rodrigo Borgia) ließ sie mit Bastionen befestigen, die später von anderen Päpsten erweitert wurden. Außerdem ließ er einen Gang anlegen, der die Burg mit dem Vatikan verband. Damit hatte er nicht nur eine zweite päpstliche Residenz geschaffen, sondern auch ein Refugium in Zeiten der Gefahr. Papst Sixtus VI. ließ den Papstschatz im Castel Sant'Angelo aufbewahren. Die Gefängnisse in der Festung waren berüchtigt für die unmenschliche Behandlung der Insassen. Im 16. und 17. Jahrhundert kamen viele Gefangene aufgrund der harten Bedingungen und der vielen Entbehrungen ums Leben.

Constantine's Arch for ready identification of the Eternal City, since all these monuments have a deep evocative power on account of their antiquity and their importance in Roman history. The Castello, in fact, is a fortress that began life as Hadrian's tomb. Burial in the Augustus' Mausoleum had become impossible, so the imperator ordered this mausoleum to be built in A.D. 135 for himself and his successors. The original site consisted of a 84-metre square area decorated with marble and statues surrounding a cylindrical building 64 metres in diameter topped by a quadriga driven by the emperor, the symbol of his apotheosis. A spiral gallery gave access to the burial chambers. When Aurelian decided to surround Rome with new walls in A.D. 275, he used the mausoleum as a bridgehead on the other side of the Tiber. Its use for military purposes thus began and the transformations that this entailed. Theodoric was the first to use it as a prison, a role it continued to play throughout the centuries until its restoration commenced in 1901. Pope Alexander VI (Rodrigo Borgia) fortified it with bastions, which were later extended by other popes, and exploited a passage that linked it to the castle at the Vatican to make it a second papal residence, and also a refuge in times of danger. Sixtus VI chose Castel Sant'Angelo as the depository for the papal treasure. This prisons of the fortress were notorious for the inhuman treatment meted out to their inmates, many of whom died of hardship and privation in the 16th and 17th centuries.

5.

Der Campo de' Fiori bleibt das Herz und die Seele des einfachen Roms. Man muss nur den Markt betrachten, auf dem tagtäglich die Stände unter dem unheilvollen Blick Giordano Brunos aufgestellt werden, um dies zu verstehen. Das Bronzemonument erinnert nicht nur an den Philosophen, der auf diesem Platz als Ketzer verbrannt wurde, sondern auch an die Bedeutung der heute so sonnigen Piazza als Ort öffentlicher Exekutionen. Ein merkwürdiger Ort für Galgen und Schafotte, denn bevor der Platz im 15. Jahrhundert gepflastert wurde, damit man die prächtigen Kardinalspaläste (nicht erhalten) erbauen konnte, gab es hier nur blühende Wiesen. Ab diesem Zeitpunkt avancierte der Campo de' Fiori jedoch zum Geschäftsviertel mit Tavernen, Rotlicht und Buchhändlern. Heute findet man hier ein buntes Gemisch aus Boutiquen und Kunstgewerbe.

Campo de' Fiori remains the heart and soul of everyday Rome. This is evident when one looks at the market whose stalls are daily displayed under the baleful gaze of Giordano Bruno. Indeed, the stern bronze monument erected to the memory of this heretical friar serves to remind us that this congenial, sunny piazza was once the stage for public executions. A strange place, indeed, for the erection of gallows and scaffolds, since until it was paved in the 15th century to allow the construction of fine cardinal's palazzi (not preserved), it was nothing but flowery meadows. From then on, however, it became a business centre, full of taverns, courtesans and booksellers. Today, there is a colourful mix of boutiques and handicraft shops.

6.

Die Piazza della Repubblica (früher Piazza Esedra) liegt unweit der »Stazione Termini«, des Hauptbahnhofs. Bevor das Flugzeug in Konkurrenz zum Zug trat, war der Platz aufgrund seiner Lage offizielles Empfangstor der Hauptstadt. Zwei prächtige Palazzi von Gaetano Koch erhöhen das Profil des Platzes ebenso wie die Kirche Santa Maria degli Angeli, die Michelangelo in einen Bereich der Diokletiansthermen integrierte.
Hauptattraktion der Piazza della Repubblica ist der Najadenbrunnen. Er wurde unter Papst Pius IX. errichtet, der den alten Marcio-Aquädukt (144 v. Chr.) instand setzen lassen wollte, der einst Wasser vom oberen Tal des Aniene nach Rom gebracht hatte. Die Skulpturen von Mario Rutelli

Piazza Esedra lies a short distance away from the main railway station Roma Termini. Until airplanes began to vie with trains as a means of travel, its position made it the official point of entry into the capital. Its proper title is Piazza della Repubblica, while its better known nickname stems from its having been laid in front of an exedra of the demolished "calidarium" of Diocletian's Baths. The profile of the square is enhanced by two fine, circular palazzi by Gaetano Koch, and the church of Santa Maria degli Angeli, which Michelangelo integrated into an area of the ancient baths. The piazza's main claim to fame is its Fountain of the Naiads. This was set up by Pius IX who wished to reinstate the old Marcian aqueduct (B.C. 144) that had once carried water into

wurden später hinzugefügt. Sie repräsentieren die Nymphe der Seen mit einem Schwan, die Nymphe der Flüsse mit einem Flussungeheuer, die Nymphe der Meere, die ein Wildpferd zähmt, und die Nymphe der unterirdischen Gewässer, die auf einem Drachen liegt. Die Hauptskulptur verkörpert Glaucus, der einen Delphin umklammert, aus dessen Maul ein hoher Wasserstrahl schießt.

Rome from the upper valley of the Aniene. The sculptures (by Mario Rutelli) were added later. They represent the nymph of the lakes, with a swan; the nymph of the rivers resting on a river monster; the nymph of the oceans, taming a wild horse; the nymph of the underground waters, lying on a dragon. The centrepiece is a Glaucus clasping a dolphin, from whose mouth rises a tall jet of water.

7.

Das Pantheon ist der einzige heidnische Tempel, der erhalten blieb, dank des glücklichen Zufalls, dass der byzantinische Kaiser Phokas das Bauwerk im Jahr 609 Papst Bonifatius IV. schenkte. Man wandelte es in eine christliche Kirche um und bewahrte es so vor dem Abriss. Das Pantheon wurde 27 v. Chr. unter Agrippa erbaut und zur Zeit Hadrians völlig neu gestaltet. Die Bürger Roms nannten das Bauwerk, das zu den bedeutendsten lokalen Monumenten gehört, »la rotonda«. Seine ebenmäßige Kuppel ist noch heute die breiteste in der Stadt, selbst nach der Erbauung der gigantischen Kuppel der Peterskirche. Das Pantheon beherrscht den am tiefsten gelegenen Bereich der Stadt, der in der Antike regelmäßig von den Fluten des Tiber überschwemmt wurde. Das Straßenniveau lag in jenen Tagen noch niedriger als heute und eine Treppe führte auf den Tempel. Die große Nische hinter dem Pantheon korrespondiert mit einem anderen Tempel, den Agrippa errichten und Neptun weihen ließ. Dies ist eines der vielen Vermächtnisse, die dem Gebiet Farbe verleihen und belegen, wie viele Monumente und öffentliche Gebäude hier in den Tagen des antiken Rom standen.

The Pantheon is the only pagan temple that has survived intact through the lucky chance of its having been donated by the Byzantine emperor Phocas to Pope Boniface IV in 609. It was thus transformed into a Christian church and saved from destruction. Built by Agrippa in B.C. 27, it was completely restructured in Hadrian's time. Known to the people of Rome as «the rotonda», it is a key feature of the local panorama. Its dish-like dome is still the broadest in the city, even after the construction of the great cupola that covers St. Peter's. The Pantheon lords it over what is Rome's lowest-lying area, which was frequently invaded by the flood waters of the Tiber in antiquity. The street level in those days was even lower than it is today, and there was a stairway leading up to the temple. The large niche behind the Pantheon corresponds to the apse of another temple erected by Agrippa and dedicated to Neptune. This is one of the many ruins that lend colour to this area and show how thickly populated it was with monuments and public buildings in the days of ancient Rome.

8.

In der Antike gab es nahe dem Pantheon einen Tempel, der der Göttin Minerva Chalcidica geweiht war. Sie verlieh der einzigen gotischen Kirche Roms, die über den Ruinen des Tempels erbaut wurde, ihren Namen: Santa Maria sopra Minerva, Sitz des Ordensgenerals der Dominikaner. Auf dem Kirchplatz steht ein kurioses Monument in Form eines kleinen Marmorelefanten, der einen Obelisken auf dem Rücken trägt. Das Tier erinnert eher an ein Schwein als an einen Dickhäuter und im Volksmund heißt es »pulcin della Minerva«, eine Verballhornung des Wortes »purcin« oder »porcino«. Der ägyptische Obelisk aus dem 6. Jahrhundert stammt vom nahe gelegenen Iseum Campense. Ercole Ferrata stellte das Monument 1667 auf, entworfen hat es jedoch Gian Lorenzo Bernini. Es gehört zu den vielen Meisterwerken des Künstlers.

In ancient times, there was a temple dedicted to Minerva Chalcidica near the Pantheon, which eventually gave its name to the church of Santa Maria sopra Minerva, the seat of the Superior General of the Dominicans. The square in front of the church has a curious monument in the form of a small marble elephant supporting an obelisk on its back. This animal, however, looks more like a pig than a pachyderm, and is known in Roma as the «pulcin della Minerva», which is a corruption of the word «purcin», or «porcino». The 6th century Egyptian obelisk comes from nearby Iseo Campense. The monument was erected by Ercole Ferrata in 1667. It owes its design to Bernini, however, and can thus be numbered among this great master's works.

9. 

Rom ist irgendwie all dessen beraubt, was in anderen Städten einer Kathedrale oder einem Rathausplatz entspricht, dem aktivem Zentrum des städtischen Lebens. Der Grund dafür liegt in der schweren Bürde ideologischer Verflechtungen, die mit der Piazza San Pietro und der Piazza del Campidoglio in Verbindung stehen, den Foren kirchlicher Autorität. Dennoch behandelten die Römer die Piazza Navona als »den« Platz im Sinne eines Treffpunkts, ein populäres Zentrum pulsierenden Lebens. Im 15. Jahrhundert verlegte man den Markt vom Kapitol hierher. Seitdem war dieser weite, offene Platz, den die Ruinen des Domitian-Stadions begrenzen, Schauplatz beliebter Festivals und Rennen, aber auch bevorzugte Stätte für Turniere. Zunächst hieß der Platz Piazza in Agone, in Erinnerung an die gymnastischen Wettkämpfe, die hier stattfanden. Später übernahm man allmählich die Bezeichnung Piazza Navona, eine Verballhornung der Römer. Ab dem 16. Jahrhundert fand hier ein außergewöhnliches Spektakel statt. Für dieses Fest flutete man von 1653 bis Mitte des 19. Jahrhunderts den gesamten Platz mithilfe untergründig angebrachter Maschinen von Samstag ein Uhr bis zum Sonntagmorgen. Das Spektakel war ein Vergnügen und eine Erfrischung für die hitzegeplagten Bürger. Das gemeine Volk kam zu Fuß, die Vornehmen fuhren in ihren Kutschen. Man plantschte und schwatzte bis spät in die Nacht.

Der berühmte Vierströme-Brunnen erhebt sich inmitten der Piazza Navona. Er ist das bevorzugte Objekt einiger Geschichten, die sich um die barocken Monumenten des Platzes drehen. Geschichten, die, obwohl sie die Vorstellungskraft auf eine harte Probe stellen, über die Jahre von einem römischen Herrscher an den nächsten weitergeleitet wurden. Neben bestimmten Details, die in der Geschichte wurzeln, wie zum Beispiel der Tatsache, dass der Bildhauer Bernini die Gunst wieder erlangte, die er unter Papst Urban VIII. genoss und unter Innozenz X. verlor, erfährt man, dass die Haltung zweier der personifizierten Flüsse gewählt wurde, um auf die Missbilligung und Angst hinzuweisen, die man der Kirche Sant'Agnese gegenüber entgegenbrachte, einem Werk Borrominis, des erbittertsten Gegners Berninis. Der Flussgott, der den Rio de la Plata verkörpert, streckt einen Arm in Richtung Kirche, als fürchte er, dass sie jeden Moment auf den Brunnen stürzen könnte, während der Nilgott angeblich seinen Kopf entsetzt verbergen soll, damit er die Arbeit des Rivalen aus der Lombardei nicht schauen muss. Angesichts der Tatsache, dass der Strom zu jener Zeit noch ein Mysterium war, scheint dies eine gewagte Interpretation zu sein. Die nüchterne Wahrheit ist, dass die Kirche zwei Jahre nach dem Brunnen erbaut wurde.

Verlässt man das Reich der Fabel, gibt es keinen Zweifel, dass die Fontana dei Quattro Fiumi eine brillante Arbeit und ein Meisterstück Berninis ist, vor allem hinsichtlich ihrer Statik. Außerdem ist der Brunnen durchdrungen von Symbolik. Die vier Flüsse, Nil, Donau, Ganges und Rio de la Plata, symbolisieren die vier Teile der Welt, die sich der spirituellen Herrschaft der Kirche unterworfen haben. Die Taube, die über dem Obelisken thront, ist das Symbol der Pamphili und damit von Papst Innozenz X. Die exotische oder imaginäre Fauna, die den Brunnen belebt, und die Sorgfalt, die Bernini auf die korrekte Wiedergabe der Pflanzen verwendet hat, die hier und da durch die Felsen spitzen, bestätigen die Liebe des Künstlers zu natürlichen Elementen, die sich brillant mit den rein skulpturalen Aspekten der Statuen verbinden.

Die beiden anderen Brunnen an den Seiten der Piazza beruhen auch auf Entwürfen Berninis. Die Fontana del Moro ist ebenfalls Ziel populärer Geschichten. Sie ist nach der Figur benannt, die einen Abessinier darstellt, der mit einem Delphin kämpft. Die mürrische Miene des Mohren soll in Wirklichkeit jene eines Kardinal sein, der dem rachsüchtigen Bildhauer nicht allzu wohlgesinnt war.

Rome is somewhat bereft of anything that in any other city would correspond to a Cathedral or Town Hall Square serving as the active centre of its urban life. The reason for this, of course, lies in the weighty load of ideological implications associated with its Piazza San Pietro and the Piazza del Campidoglio, namely the fora of its twin repositories of ecclesiastical authority. Yet for many centuries, the people of Rome have treated Piazza Navona as «the» square in the sense of a meeting place, a popular centre pulsing with life. Since the 15th century, in fact, when the market that used to be held on the Capitol was transferred here, this vast open space encircled by the ruins of the circuit of Domitian's stadium has been the scene of popular festivals and races, and the favourite site for tournaments and roundabouts. Initially called Piazza «in Agone» to recall the gymnastic contests that used take place there, it gradually acquired the title «Navona» as the word was changed in colloquial speech. In the 16th century, the greasy pole festival was held there. From 1653 until the middle of the 19th century, the entire square, which was concave in those days, was flooded on this occasion until one o'clock the following Sunday morning to the great joy and refreshment of the heat-oppressed inhabitants of every rank and station, who hurried there on foot or in their carriages to splash about and banter until late at night.

The renowned Fountain of the Four Rivers stands in the middle of Piazza Navona. This is the favourite subject of some of the tales that cling to the square's Baroque monuments. Tales that despite their heavy taxing of the imagination have been handed down by Roman guides across the years. Alongside certain items which have their roots in history, such as the fact that the sculptor Bernini reaquired through this work the favour he had enjoyed under Urban VIII and lost during the reign of Innocent X, you will be told that the attitudes of two of the rivers personified were chosen to indicate deprecation and fear directed towards the church of Sant'Agnese, the work of Bernini's most determined adversary, Borromini. The river god Plate thus has one hand outstretched towards the façade of the church for fear that it might collapse on the fountain at any moment, while the Nile, is meant to be covering his head in horror so that he does not even have to see the work of the sculptor's rival from Lombardy. Given that the source of the river was still a mystery at the time and the fact that the façade was built two years after the fountain, the result achieved by these postures cannot have been intentionally brought about, even though one must admit that careful observation and the knowledge of Bernini's reputation for jess could almost convince one of the contrary. Leaving these anecdotes aside, however, there is no doubt that the Fontana dei Quattro Fiumi, particularly on account of its original static equilibrium, must be regarded as a brilliant work and one of Bernini's masterpieces. Amongst other things, it is heavy with symbolism. The four rivers - the Plate, the Nile, the Danube and the Ganges - represent the four parts of the world that had submitted to the spiritual dominion of the Church. The dove on the top of the obelisk is the symbol of the Pamphili family, in other words that of Pope Innocent X. The exotic or imaginary fauna that peoples the fountain, and the care devoted by Bernini to the correct representation of the plants that sprout here and there among the rocks, bear witness to his love for nature, which is brilliantly blended with the purely sculptural aspect of the statues. The other two fountains at the sides of the piazza were also made from sketches by Bernini. The Fontana del Moro, so called after the figure of an Abyssinian fighting with a dolphin in its centre, is also a source of popular tales. The sour expression of the «Moor», in fact, is said to be that of a cardinal who was none too well disposed towards the evervengeful sculptor.

10.

11.

Jeder Römer träumt von einem Haus, das über die Dächer der Innenstadt blickt. Die Dächer von Rom haben eine ganz besondere Farbe, Grau oder Rosa, die sich mit Lauf des Tages verändert. Noch heute findet man zwischen Penthäusern und Terrassen wunderschöne hängende Gärten. Sie präsentieren sich im Frühling und im Herbst in ihren besten Gewändern und lassen den Besucher – vor allem solche aus dem Norden – ob des milden römischen Klimas vor Neid erblassen. Ein weiteres charakteristisches Merkmal des Panoramas ist die endlose Parade der Kuppeln: Kuppeldächer in allen Formen und Größen, die dem kristallklaren, blauen Himmel eines sonnigen Tages entgegenstreben oder an einem grauen, wolkenverhangenen Tag einen Hauch Melancholie verbreiten. Sie bilden einen substanziellen, essenziellen Teil des Stadtbildes: vom riesigen Kuppeldach der Peterskirche, einem Planeten mit vielen Satelliten, bis zum eleganten Profil der Kirche San Giovanni dei Fiorentini oder zu den kühnen Elementen, die Francesco Borromini für die Krone wählte, die er für die Kirche Sant'Ivo alla Sapienza entwarf. Die Überfülle an Kuppeln und ihre mannigfaltigen Formen machen den Himmel über Rom so faszinierend und spektakulär.

Every Roman dreams of living in a house that looks out over the roofs of the inner city. The roofs of Rome have a special colour all of their own, grey or pink, that changes in keeping with the passing hours. There are still delightful hanging gardens to be seen among the penthouses and terraces. These make their finest showing in spring and autumn, and cause the visitor, especially if he comes from the North, to ponder in envy on the mildness of the Roman climate. Another distinctive feature of the skyline is its infinite parade of domes: domes and cupolas of all shapes and sizes that rise in glory into the crystal-clear blue of a sunny day, or confer a touch of gentle melancholy on a grey, cloud-covered sky. They are a substantial, essential part of the panorama: from the large dome of St. Peter's, a planet with a host of satellites, to the elegant profile of San Giovanni dei Fiorentini, or the daring ins and outs Borromini chose to confer on the crown he designed for Sant'Ivo alla Sapienza. It could even be said that it is the very abundance of this plethora of cupolas, as well as their infinite forms, that renders the Roman sky so fascinating and so spectacular.

12.

13.

Als Rom 1870 Hauptstadt des vereinten Italiens wurde, wollte man den neuen Status der Metropole auch nach außen hin deutlich machen. Die Errichtung eines Monuments für Viktor Emanuel II. war Teil eines umfassenden Stadtplanungsprojekts, das man in jenen Jahren ersann: die Umgestaltung der Piazzetta Venezia, die nur eine Verbreiterung an der Ende der Via del Corso war, umgeben von Renaissance- und Barockpalästen. Der Platz sollte zu einem zentralen Punkt der Stadt werden. Das Monument, das als »Vittoriano« bekannt ist, sollte einen malerischen Eindruck entlang der Achse der Via del Corso vermitteln. Man nahm bedenkenlos irreversible Veränderungen ohne Rücksicht auf das originäre Erscheinungsbild des Platzes vor, um diesen Effekt zu erzielen. Man schuf Platz, indem man nicht nur einen Palazzo samt Turm niederriss, der unter Papst Urban III. erbaut worden war, sondern auch eine ganze Häusergruppe, die mehrere mittelalterliche Straßen kreuzten. Später demontierte man sogar den Palazzetto di Venezia und baute ihn leicht verändert etwas weiter hinten an seinem heutigen Platz wieder auf.
Sacconi, der 1885 mit den Arbeiten für das Monument betraut wurde, starb 20 Jahre später, ohne sein Werk vollendet zu haben. Noch 1911, als das Bauwerk am 50. Jahrestag der Proklamation des Königreichs Italien eingeweiht wurde, fehlte der letzte Schliff.
Das Monument besteht aus zwei Ebenen. Auf der ersten befindet sich der Altare della Patria mit dem Grab des Unbekannten Soldaten, einem nicht identifizierten Soldaten, der im Ersten Weltkrieg ums Leben kam. Das Reiterstandbild Viktor Emanuels II. thront auf der zweiten Ebene in der Mitte. Dahinter erhebt sich ein wahrer Säulenwald, der zur Vorhalle und den Propyläen gehört, die jeweils von einer Quadriga überragt werden, die Einheit und Freiheit repräsentieren. Die Wahl des Baumaterials ist eher unglücklich, denn der strahlend weiße Marmor passt nicht zum bräunlichen Ton der umliegenden Gebäude. Das Monument ist inzwischen jedoch fester Bestandteil der Landschaft und man könnte sich das »Vittoriano« kaum woanders vorstellen.

When Rome at last became the capital of a united Italy in 1870, there soon arose the need to endow it with outward and visible signs of this new status. The erection of a monument to Victor Emmanuel II, *Pater Patriae*, formed part of a more far-reaching town planning project considered in those early years, namely to transform Piazzetta Venezia, which was still a mere widening at the end of Via del Corso surrounded by Renaissance and Baroque palazzi, into one of the city's true focal points. The monument usually referred to as the «Vittoriano» was designed to create a mighty scenic impression along the axis of Via del Corso, and to achieve this effect irreparable changes were made in the original appearance of the piazza without a qualm. Room was found by knocking down a palazzo-cum-tower erected in the time of Pope Urban III, together with a whole set of buildings crossed by several mediaeval streets. Later on, even the Palazzetto di Venezia was demolished and reinstated in a somewhat changed version further back in its present position. Sacconi, the architect called upon in 1885 to build this mastodontic monument, died twenty years later with his work still unfinished. Even in 1911, when it was inaugurated on the 50th anniversary of the proclamation of the Kingdom of Italy, it lacked the finishing touches. The edifice consists of two levels. The first contains the «Altare della Patria», which holds the tomb of the Unknown Warrior, an unidentified Italian soldier killed in the first world war. The equestrian statue of Victor Emmanuel stands on the second level in the middle of the monument. Above, there is a thick forest of columns belonging to the porch and the propylaea, themselves topped by two groups representing the quadrigae of Unity and of Liberty. The choice of glaring white marble proved an unhappy one, since it clashes with the brownish hues of the buildings around. In spite of everything one may wish to say about it, however, the monument is now an integral part of the landscape, and it is difficult to imagine the Vittoriano anywhere else.

14.

Die Fontana di Trevi bildet den Endpunkt des bereits im 1. Jahrhundert v. Chr. angelegten Acqua-Vergine-Aquädukts. Der Aquädukt ist nach einem Mädchen benannt, das durstigen Soldaten die Quelle zeigen musste. In der Antike war der Brunnen weithin bekannt. Im Mittelalter geriet er dann beinahe in Vergessenheit. Erst im 15. Jahrhundert erstrahlte er in neuem Glanz, nachdem Nikolaus V. den Aquädukt instand setzen hatte lassen. Der Papst betraute Leon Battista Alberti mit der Gestaltung des Brunnens. Der Künstler entwarf einen Brunnen mit einem riesigen rechteckigen Becken und drei Wasserspeiern. Diesem Umstand oder der Tatsache, dass sich der Brunnen am Zusammenfluss dreier Straßen befand, ist es vermutlich zu verdanken, dass die Bezeichnung »Treio« oder »Trevio« (Verfälschung des lateinischen Wortes »trivium«) erstmals in zeitgenössischen Dokumenten auftaucht. Die Fontana di Trevi erfuhr im Lauf der Jahrhunderte viele Veränderungen. Papst Urban VIII. billigte Berninis Plan, dem Brunnen seine endgültige monumentale Form zu geben, die Umsetzung scheiterte jedoch am Tod des Künstlers. Dennoch war er eine Quelle der Inspiration für Nicola Salvi, der 1732 den Wettbewerb für sich entscheiden konnte, bei dem es auch um die Gestaltung der Umgebung des Brunnens ging. Das Ergebnis ist die gelungene Verschmelzung der Fassade des Palazzo dei Duchi di Poli mit dem Brunnen, über dem ein mächtiger Neptun inmitten zweier geflügelter Pferde und zweier Tritonen thront. Die Gesamtkomposition belebt jedoch das Wasser. Es schafft den dramatischen Effekt, wenn es sich in Strömen und Kaskaden in das Becken ergießt.
Ein Brauch aus dem Mittelalter lockt den Besucher mit dem Versprechen, dass er an diesen Ort zurückkehren wird, wenn er aus dem Brunnen trinkt, ihm den Rücken zuwendet und eine Münze über seine Schulter wirft. Noch immer vollführen viele Besucher dieses Ritual, es ist jedoch nicht der einzige Grund, weshalb die Piazza stets mit Leben erfüllt ist.

The Trevi Fountain is situated on the spot where the Acqua Vergine aqueduct, so named because a young girl was supposed to have shown the fountain to some thirsty soldiers, was brought to Rome in the 1st century B.C. The fountain enjoyed great renown in antiquity. During the Middle Ages, however, it was almost forgotten, and did not regain its prominence until the 15th century, when Pope Niccolò V decided to bring the aqueduct back into operation. This task was assigned to Leon Battista Alberti, who designed a fountain with a huge rectangular basin and three large spouts. It was these, or perhaps because the fountain stood at the meeting-place of three roads, that the names «Treio» or «Trevio», mediaeval corruptions of the Latin word «trivium», began to appear in contemporary documents. Numerous alterations were made as the centuries passed. Bernini's plan to give the fountain a definitive, monumental form was approved by Pope Urban VIII, but shelved on his death. None the less, it was certainly a source of inspiration for Nicola Salvi, who won the competition held for design for the surroundings of the fountain in 1732. The final solution is an original combination of the severe façade of the Palazzo dei Duchi di Poli with the fountain, which is dominated by a sculpture of a powerful Neptune in the midst of a pair of winged horses and two Tritons. Yet it is the water itself that animates the whole composition, creating a dramatic scenic effect as it floods into the basin in jets and cascades. A Roman tradition dating back to the Middle Ages inveigles the visitor with the promise that he will be sure to return if he drinks from this fountain, turns his back and then throws a coin into the fountain over his shoulder. A ritual that is still repeated, though this is certainly not the only reason why the piazza is always crowded with visitors.

15.

An den Hängen des grünen Monte Parioli mit seinen vielen Villen und Herrenhäusern trifft man zwischen der Via Arno und der Via Po auf eine höchst ungewöhnliche Ansammlung von Gebäuden. Man befindet sich im so genannten Coppedè-Viertel, das seinen Namen dem extravaganten Architekten Gino Coppedè verdankt. Zu Beginn des 20. Jahrhunderts präsentierte er die Idee, eine Reihe von Wohnhäusern zu errichten, die mehrere unterschiedliche Architekturstile imitieren sollten. Das Ergebnis dieses eklektizistischen Experiments sind mittelalterliche Häuser, orientalische Gebäude, Renaissancepaläste und ägyptische Bauwerke, ein verwirrender Cocktail in einer Stadt wie Rom, in der man unzählige Modelle unverfälschter Baustile aller Jahrhunderte findet. Das Coppedè-Viertel ist ein weiteres Beispiel für die Originalität der Stadt.

On the slopes of the green Monte Parioli, with its many villas and gentleman's residences, a very unusual conglomeration of edifices lies between Via Arno and Via Po. This is the so-called Coppedè Quarter, which takes its name from an extravagant architect, Gino Coppedè. At the beginning of the 20th century, he came up with the idea of erecting a series of residential buildings imitating a host of different architectonic styles. The fruits of this experiment in eclecticism include mediaeval houses, Oriental buildings, Renaissance palazzi, and even copies of Egyptian edifices, a mind-shattering cocktail in a city such as Rome, which is awash with genuine examples of architectural styles throughout the centuries. None the less, the Coppedè Quarter can be seen as yet another instance of the way Rome has been made the stage for the expression of the taste and the whims of a moment, and hence another facet of the city's originality.

16.

17.

Jene, die das Ausstellungsviertel Roms entwarfen, wollten eine moderne Version der Ewigen Stadt schaffen. Dieses ambitioniert Projekt verlangte nach Straßen und Monumenten, die den Glanz des alten Roms zum Leben erweckten. Eines dieser Bauwerke ist der Palazzo della Civiltà del Lavoro (früher Palazzo della Civiltà Italica), in dem einige eine zeitgenössische Interpretation des Kolosseums sehen. Das Gebäude ist daher auch unter dem Namen »Colosseo Quadrato« bekannt. Für die Römer, die Überbetonung und Affektiertheit stets verachteten, war es das Werk eines Augenblicks, das zu solch respektlosen Spitznamen verleitet wie »Palast mit den Löchern« oder »Greyerzer Käse«. Die Architekten, die 1939 den Wettbewerb für den Bau des Palastes gewannen, errichteten das Gebäude aus Stein und Marmor. Auch für die anderen Bauten im EUR-Viertel verwendete man typisch »italische« Baustoffe. Die kulturelle Souveränität des gesamten Viertels sollte dadurch bewahrt werden, dass man auf Eisen und Stahlbeton verzichtete. Der Palazzo ist so groß, dass das gesamte Pantheon darin Platz fände. Monumentale Statuen von Publio Morbiducci und Alberto Felici zieren das Gebäude. In alle vier Seiten des Bauwerks ist der gleiche Satz gemeißelt: Un popolo di poeti, di artisti, di eroi, di santi, di pensatori, di scienziati, di navigatori, di trasmigratori. (Ein Volk der Dichter, Künstler, Helden, Heiligen, Denker, Wissenschaftler, Seefahrer und Migranten.)

The idea in the minds of those who designed Rome's exhibition quarter was to create a modern version of the Eternal City. This ambitious project naturally called for dignified streets, together with some monuments that would evoke the grandeurs of Rome in former times. One such edifice is the Palazzo della Civiltà del Lavoro, regarded by some as a contemporary interpretation of the Colosseum: it is, indeed, often referred to as the Square Colosseum. The rhetoric on which the Fascist era so abundantly fed came up with the title Palazzo della Civiltà Italica. For the people of Rome, however, with their age-old intolerance of over-emphasis and affectation, it was the work of a moment to invent such irreverent nicknames as the «Palace with the holes» or the «Gruyère cheese». The architects who won the competition for its construction in 1939 built it entirely of stone and marble. This choice of traditionally «Italic» materials was applied to all the other EUR buildings, the idea being to preserve the cultural autarky of the entire quarter by banning the use of iron and reinforced concrete. The Palazzo itself is conceived on a grand scale - the whole of the Pantheon would fit inside it - and decorated with many enormous statues by Publio Morbiducci and Alberto Felici. The following sentence is carved on each of its four faces as an eternal reminder of the original project: A people of poets, artist, heroes, saints, thinkers, scientists, navigators and migrants.

18.

Trastevere ist das Viertel, das sich am rechten Ufer des Tiber erstreckt. Bis zur Zeit Kaiser Augustus', der Reformen in der Verwaltung durchführte, gehörte es offiziell nicht zur Stadt. Das Gebiet, einst »Trans Tiberim« (jenseits des Tiber) genannt, blickte in den legendären Tagen der Republik auf feindliches Territorium. Die Etrusker ließen sich hier nieder, nachdem man sie aus Rom vertrieben hatte, und trachteten danach, ihren König Tarquinius Superbus wieder auf den Thron zu setzen. Später wurden herrliche Villen und Gärten an den Hängen angelegt, während man im darunter liegenden Flachland Häuser für die Armen und kleine Geschäfte einrichtete. Viele Ausländer siedelten sich hier an. Die erste Judensiedlung hatte sich bereits zur Zeit der Republik etabliert. Trastevere hat sich bis heute eine gewisse Faszination erhalten. Neben den diskreten Ecken mit ihren Andenken an das einstige Rom findet der Besucher auch solche Juwelen wie die Kirche Santa Maria in Trastevere, eine der schönsten Roms. Die Gründung der Basilika liegt lange vor den Tagen Kaiser Konstantins. Man geht davon aus, dass sie bereits unter dem Pontifikat Calixtus I. (217–222) erbaut wurde. Vielleicht ist dies der erste Ort in Rom, an dem die Mutter Gottes verehrt wurde. Ihr heutige Aussehen verdankt die Kirche vielen Umbauten. Das Portal datiert aus dem 17. Jahrhundert, der Glockenturm und die Mosaiken gehen dagegen auf das 12. Jahrhundert zurück. Die Fassade fügt sich perfekt in den Platz, auf dem man einen prächtigen achteckigen Brunnen und den eleganten Palazzo des heiligen Calixtus bewundern kann. Beide Werke stammen ursprünglich aus dem Mittelalter, wurden jedoch im 17. Jahrhundert vollständig erneuert.

Trastevere is the district that stretches along the right bank of the Tiber. It was not officially regarded as part of the city until the administrative reforms introduced by Augustus. The area - once called «Trans Tiberem» (across the Tiber) - was looked upon as hostile territory in the legendary days of the Republic. Here, in fact, the Etruscans established themselves after they had been driven out of Rome and sought to restore their king Tarquinius Superbus to the throne. Later, fine villas and gardens were erected on the hillside, while the flat land below was filled with the houses of the poor and small shops. Many foreigners took up residence here, and the first colony of Jews was estabilished when the Republic was still in existence. Trastevere still retains a particular fascination today. In addition to its discreet corners with their memories of Rome as it once was, the visitor will also find such jewels as the church of Santa Maria in Trastevere, one of the finest in Rome. This is a basilica that was built long before the days of Constantine, since it is thought to have been founded during the papacy of Callistus I (217-222). It is perhaps the first place at which the Mother of God was venerated in Rome. Its present appearance, of course, is the outcome of many alterations. It has a 17th-century porch whereas the campanile and mosaics are from the 12th century. The façade is a perfect match with the remainder of the piazza, where one can admire a fine octagonal fountain and the elegant palazzo of Saint Callistus. These are two mediaeval works that were completely rebuilt in the 17th century.

◄ 0 |90° |180°

19.

Attilio Boccazzi-Varotto

20.

21.

22.

23.

Von wo aus man auch immer auf den Petersplatz blickt, man hat stets das Gefühl, dass er bereits Teil von einem selbst ist. Er dringt in jedermanns Bewusstsein und ist ebenso in der Vorstellung präsent. Er ist ein Symbol, eine Botschaft an die Welt. Die Kuppel seiner Kirche hat Michelangelo entworfen, die Fassade geht auf Maderno zurück und die Kolonnade ist Bernini zu verdanken – ein bewundernswertes Meisterwerk, das zwei Jahrhunderte architektonischer Bemühungen in sich vereint. Als Papst Alexander VI. Bernini im Jahr 1656 mit der Gestaltung der Piazza betraute, existierte die Fassade bereits mehr als 40 Jahre, während seit der Grundsteinlegung für die neue Basilika 150 Jahre vergangen waren. Bernini ließ die alten Gebäude abtragen, die sich um den ehemaligen Vorhof der konstantinischen Basilika drängten, die im 4. Jahrhundert über dem Petersgrab errichtet worden war. Mithilfe von Kolonnaden gestaltete er den Platz als Ellipse, deren Querachse zwei Brunnen und der berühmte Obelisk markierten, den Sixtus V. 1586 hatte errichten lassen. Ursprünglich sah Bernini eine dritte Kolonnade vor, die den Platz nach allen Seiten abschließen sollte. Schließlich beschloss er jedoch, diesen dritten »Arm« zurückzusetzen, damit ein schmaler Vorplatz entstand, der den Blick auf die Kuppel und alle Säulen freigeben sollte. Das Vorhaben wurde jedoch nie umgesetzt.
Bernini legte bei diesem Projekt großen Wert auf den Besucher, der ins Staunen geraten sollte, sobald er von den schmalen Gassen des Borgo auf diesen grandiosen offenen Platz trat. Mit der Erschließung der Via della Conciliazione vor etwa 50 Jahren, in deren Zuge alle Straßen um den Platz verschwanden, wurde dieser verblüffende Effekt für immer zerstört.
Die Brunnen sind noch heute eine Quelle der Freude. Bernini platzierte sie geschickt nahe den Fokussen seiner Ellipse, wodurch die Form des Platzes betont wird. Der rechte Brunnen stammt aus der Zeit Innozenz' VIII. Er wird vom Paolino-Aquädukt gespeist und wurde jahrhundertelang wegen seines herrlichen Wasserspiels bewundert. Im 17. Jahrhundert bezeichnet ihn ein Besucher als den schönsten Brunnen Europas. Er schreibt, dass das Wasser »mit solch einer majestätischen Fülle herausschießt, dass es scheint, als würde ein Fluss in die Luft geschleudert«. 1617 ließ Maderno den Brunnen abreißen und einen neuen, größeren erbauen. 1667 errichtete man den Zwillingsbrunnen. Man wollte sichergehen, dass sein Wasserspiel ebenso gelungen war, und weihte ihn erst nach zehn Jahren ein, als weitere Quellen in das gleiche Aquädukt eingespeist wurden.
Auch in der Via della Conciliazione findet man prächtige Brunnen, wie zum Beispiel jenen mit einem Drachen, der vor dem Palazzo dei Penitenzieri aus dem 15. Jahrhundert steht, einem der wenigen alten Gebäude, die erhalten blieben, als man die Straße erschloss.

From whichever angle one looks at St. Peter's Square, one's predominant feeling is that it already forms part of one's existence, and is present in one's consciousness as it is in the imagination of everyone. It is a symbol, a message to the world. Its cupola by Michelangelo, its façade by Maderno, and its colonnade by Bernini form an admirable summary of two centuries of architectonic endeavour. When Pope Alexander VI entrusted Bernini with the layout of the piazza in 1656, the façade had already been in place for more than forty years, while a hundred and fifty had passed since the first stone of the new basilica was laid. Bernini demolished the old buildings that clustered around what had been the forecourt of the original Constantinian basilica set up in the 4th century over the tomb of St. Peter. It was his intention to use this scenographic colonnade to form an elliptical space, whose transverse axis was marked by the two fountains and the famous obelisk erected by Sixtus V in 1586. His original design made provision for a third colonnade that would have closed in the piazza on all sides. In the end, however, he decided to move this third branch back, so as to create a tiny introductory square providing a view of the cupola and the whole array of columns. This proposal was never put into effect.
It should be realised that throughout his project Bernini set great store on the amazement that would be aroused in the visitor as he stepped out of the narrow alleys of the Borgo into this grandiose open space. The opening up of the Via della Conciliazione some fifty years ago, and hence the disappearance of all the streets in the quarter surrounding the square, has unfortunately destroyed this admirable effect for ever. The fountains themselves, however, are a continuing source of pleasure. Bernini skilfully set them near the foci of his ellipse, so as to accentuate the shape of the piazza. The one on the right is from the time of Innocent VIII. It is fed by the Paolino aqueduct and has been admired for centuries on account of the abundance of its waters. A 17th-century visitor called it the most beautiful fountain in Europe, and wrote that «it surges forth with such majestic abundance that it seems to throw a river into the air». Demolished in 1614 by Maderno and rebuilt on a larger scale, it was eventually joined by its twin in 1667. To make sure it would put on an equally fine display, this was not inaugurated for another ten years, when the work of feeding new springs into the same aqueduct was completed. There are also attractive fountains in Via della Conciliazione, such as those with a dragon up against the 15th-century Palazzo dei Penitenziari, one of the few ancient buildings left intact when the new street was opened up.

24.

Der Petersplatz gehört zwar zur Vatikanstadt, etwas erinnert jedoch stets daran, dass er tief römisch ist. Dieses Etwas, dem man in den anderen Straßen der Stadt nur selten begegnet, ist die klassische »botticella«, eine offene Droschke für zwei Personen. Im 18. Jahrhundert wurde das Gefährt in großem Stil eingeführt und es galt etwa drei Jahrhunderte lang als ideales Transportmittel, für jene, die die Schönheiten Roms in gemächlichem Tempo erkunden wollten. Das milde römisch Klima mit seiner belebenden Sonne und seiner leichten Brise, erweckt vor allem am Morgen den Wunsch, hinauszugehen und zum Hufschlag der Pferde die Straßen entlangzufahren oder auf den Janiculum oder den Pincio zu fahren. Die Römer selbst scheinen dieses Vergnügen vergessen zu haben, vielleicht weil die Hektik ihrer Stadt und das zunehmende Verkehrschaos ihre Aufmerksamkeit zu sehr in Anspruch nehmen.

A splash of colour is cast on St. Peter's Square by the frequent presence of something reminding us that the spirit of this place, despite its being part of Vatican City, is still deeply Roman. This something, rarely seen in the city's other streets, is the classic «botticella» a open hackney carriage for two persons. Introduced on a wide scale in the 18th century, it has for some three hundred years proved the ideal vehicle for those anxious to enjoy the beauties of Rome at a leisurely pace. Its good fortune has been aided and abetted by the mild Roman climate with its regenerating sun and light wind that fill you with the desire, especially on certain mornings, to get out and about among the streets to the sound of the horse's trotting hooves, or perhaps to drive up to the Janiculum or the Pincian. A pleasure the Romans themselves have by now forgotten, assailed as they are by the frenetic rush of their city and its increasingly chaotic traffic.

25.

26.

Die Kirche Santi Luca e Martina erhebt zwischen den Hängen des Kapitols und dem Severusbogen. Das Gebiet, in dem die Kirche liegt, gehört zu den bedeutenden Stätten, die in Zusammenhang mit der Entwicklung des antiken Roms zu einer Demokratie stehen. An diesem Ort, der als »comitium« bekannt wurde, traf sich das Volk und hier wurden zur Zeit der Republik Versammlungen abgehalten. Auch die berühmte Rostra (benannt nach den Schnäbeln erbeuteter Kriegsschiffe, die auf der Bühne angebracht waren) war hier aufgebaut, von der aus leidenschaftliche Redner die Menge entflammten. Der Senat ließ den Severusbogen 203 zu Ehren der Siege des Kaisers Septimius Severus und seiner Söhne Geta und Caracalla über die Araber und die Parther errichten. Der Bogen wurde nachdrücklich als Ehrenmal gestaltet, seine Skulpturen wirken schwer und übertrieben. Sie unterstreichen die Sanftheit der Farbe, die aus dem Nahen Osten kam und die römische Kultur beeinflusste. Die Fassade und die Kuppel der Kirche Santi Luca e Martina geben sich dem Spiel von Licht und Schatten hin. Der Umbau des Gebäudes nahm Pietro da Cortona mehr als 30 Jahre lang in Anspruch, von 1632 bis zu seinem Tod im Jahr 1669. Das Ergebnis seiner Arbeit ist bewundernswert. Sie verleiht diesem Bereich des Forums Dynamik und Abwechslung.

The area now partly occupied by the fine church of San Luca and Santa Martina, set between the slopes of the Capitol and the Arch of Septimius Severus, can be regarded as one of the important sites in the development of ancient Rome as a democracy. It was in this place, in fact, then known as the «comitium», that the people gathered and assemblies were held during the Republic. This was also where the «rostra» were located, in other words the platforms from which the speakers harangued the crowd, so called because they were decorated with the «beaks» of captured enemy warships. The Arch of Septimius Severus was erected on the edge of this area in A.D. 203 by the Senate to commemorate the victories of the emperor himself and his two sons, Gaeta and Caracalla, over the Arabians and the Parthians. It was essentially designed as a honorary monument and was only accessible by means of steps, its sculptures are heavy and overdone. Indeed, they confer on the Arch the mellowness of colour that was then creeping in from the Near East to influence Roman culture. The façade and the cupola of the church of San Luca and Santa Martina, too, are fully conceived in terms of the play of light and colours. Reconstruction of this building occupied the skills of Pietro da Cortona for more than thirty years, namely from 1632 until his death in 1669. The result of his work is admirable and confers both dynamism and variety on this corner of the Forum.

27.

28.

Dem Besucher bietet sich ein unerreichtes Panorama, wenn er den Blick über die antiken Foren schweifen lässt, die sich von den Ausläufern des Kapitols bis zum Titusbogen erstrecken. Hier liegt die antike Stadt, deren Ruinen von ihrer einstigen Pracht zeugen, derselben Pracht, die Generationen von Menschen, Humanisten ebenso wie Romantiker, mithilfe ihrer Mythen wieder zum Leben erwecken wollten. Man kann kaum glauben, dass dieses Gebiet, das so überschwänglich gelobt, studiert und beobachtet wurde, vor wenigen tausend Jahren ein Sumpf war. Ursprünglich lagen die Foren jedoch tatsächlich in einem sumpfigen Tal (am Fuße des Viminals, des Quirinals, des Palatins, des Kapitols und des Esquilins), das ein Fluss durchquerte, der später in die Cloaca Maxima geleitet wurde, um das Gebiet trockenzulegen. Nach der Urbarmachung wurde der Ort zu einem bedeutenden Treffpunkt für jene, die auf den umliegenden Hügeln lebten. Er diente zunächst als Marktplatz und nur wenig später als Bauland für Basiliken und mit Arkaden versehenen Hallen, in denen öffentliche Angelegenheiten behandelt wurden. Als Rom eine Republik wurde, verlegte man den Markt in den Bereich des Velabro und das Forum wurde zum administrativen, politischen und religiösen Zentrum. Im Kaiserreich erwies sich das alte Forum rasch als zu klein für die ihm zugedachte Funktion. Deshalb erweiterte man es um mehrere Kaiserforen. Viele Kaiser ließen das ursprüngliche Zentrum jedoch weiterhin mit prächtigen Gebäuden und Monumenten verzieren, darunter die Maxentiusbasilika, die 306 gegründet und unter Konstantin vollendet wurde. Sie war nicht nur die größte, sondern auch die am reichsten verzierte Basilika Roms. Von den ursprünglich drei Seitenschiffen ist nur das nördliche erhalten. Auch der Titusbogen aus dem Jahr 81 verdient Beachtung. In den ersten Jahren des 19. Jahrhunderts eliminierte Giuseppe Valadier die im Mittelalter vorgenommenen Veränderungen und restaurierte den Bogen nach dem Original. Ein weiteres Beispiel dafür, wie man im Mittelalter und in den nachfolgenden Jahrhunderten mit den kaiserlichen Gebäuden Roms verfuhr, ist die Kirche Santa Maria Nova, im Allgemeinen als Santa Francesca Romana bekannt. Sie umfasst das Westportal des Tempels der Venus und der Roma.

A unique picture greets the eye when it embraces in a single sweep the ancient Fora, from the slopes of the Capitol to the Arch of Titus. Here, then, is the former city, whose ruins bear witness to its former glories, the same glories that generation after generation of mankind, both Humanists and Romanticists, have tried to bring back to life through its myths. It is hard to believe that this area so lavishly praised, studied and observed, was but a swamp a few thousands of years ago. Originally, however, the Fora lay in a marshy valley at the feet of the Viminal, the Quirinal, the Palatine, the Capitoline and the Esquiline Hills, crossed by a stream that was later channelled into the Cloaca Maxima in order to drain the area. Thus reclaimed, it became an important meeting-place for those who lived on the hills around, initially as a market, and not long after as the site of basilicas and arcaded halls for the conduct of public affairs. When Rome became a republic, the market was transferred to the Velabro area, and the Forum became the city's administrative, political and religious centre. On the foundation of the Empire, the ancient Forum soon proved too small for the proper performance of this function, and was thus flanked by a succession of Imperial Fora. The original centre none the less continued to be embellished with sumptuous edifices and superb monuments by many emperors. One example is the Basilica of Maxentius, which was founded in 306 and completed by Constantine several years later. It was both the largest and the most richly decorated of the Roman basilicas. It had three aisles, of which only the North aisle is still standing. Mention may also be made of the Arch of Titus (A.D. 81). This has a single barrel vault. During the early years of the 19th century, Giuseppe Valadier eliminated the alterations imposed during the Middle Ages and restored the Arch to its original form. Another interesting example of how the Middle Ages and subsequent centuries dealt with Rome's imperial buildings is offered by the church of Santa Maria Nova, usually called Santa Francesca Romana, which incorporates the remains of the West porch of the Temple of Venus and Rome.

29.

30.

Bis in das 19. Jahrhundert war man damit beschäftigt, den archäologischen Bereich, der die bedeutendsten Ruinen der antiken römischen Welt – Kolosseum, Tempel der Venus und der Roma und Konstantinsbogen – umschließt, von der übrigen Stadt abzutrennen und mit Gemüse- und Weingärten zu umgeben. Ein Ausläufer des Palatins trennte sie von den Behausungen an den Stadträndern. Zur Zeit des Faschismus verschwand dieser Ausläufer im Zuge der Abbrucharbeiten zur Erschließung der Via dei Fori Imperiali. Heute scheint der Bereich zu stark in das Stadtbild integriert zu sein und der Stadtverkehr kreist endlos um das antike Amphitheater. Einst war das gesamte Gebiet Sumpfland. Kaiser Nero begann mit der Urbarmachung, um Platz für seinen kaiserlichen Palast zu schaffen, den Domus Aurea. Vor dem Palast ließ er eine riesige Statue aufstellen. Vielleicht verdankt das nahe gelegene Kolosseum, das Flavische Amphitheater, diesem Koloss seinen Namen. Im Jahr 72 wurde unter Vespasian mit dem Bau begonnen, der acht Jahre später unter Titus zum Abschluss kam. Die elliptische Anlage bot bei Gladiatorenspielen und Tierhetzen etwa 50 000 Zuschauern Platz. Die Überlieferung, Christen seien bei diesen Gelegenheiten hingerichtet worden, entbehrt jeder historischen Grundlage. Tierhetzen fanden bis Mitte des 6. Jahrhunderts statt. Im Mittelalter wurde das Kolosseum als

Until the 19th century, the archaeological area comprising the major remains of the ancient Roman world - the Colosseum, the Temple dedicated to Venus and Rome, and the Arch of Constantine - were cut off from the rest of the city and surrounded by vegetable gardens and vineyards. They were separated from the habitations on the edge of the city by a spur of the Palatine Hill. This was cleared away during the demolitions that opened up the Via dei Fori Imperiali in the Fascist period. Now of course, the area is only too completely inserted in the urban scene, and the city's traffic sweeps endlessly around the outer rings of the ancient amphitheatre. The whole of this zone was originally a marsh. Nero began the work of reclamation to provide a site for the construction of his imperial palace - the «Domus Aurea». He also had an enormous statue erected in front of the palace, and it was the presence of this «colossus» nearby that probably led to the name «Colosseum» being attached to what is really the Flavian Amphitheatre. Begun under Vespasian in A.D. 72 and finished under Titus eight years later, it is elliptical in shape and could hold up to 50,000 spectators. It was used for gladiatorial shows and «Venationes», or wild animal hunts. The traditional story that Christians were martyred on these occasions seems to be devoid of any historical backing. At all events, bloody spectacles of this type continued until well into the

Steinbruch missbraucht. Man trug den Marmor ab und verwendete ihn für neue Gebäude. Im 16. Jahrhundert waren derartige Plünderungen an der Tagesordnung. Viele berühmte Renaissancebauwerke Roms, wie der Palazzo Venezia und der Palazzo della Cancelleria, verdanken ihre Pracht dem Travertin antiker Ruinen. Bis Mitte des 18. Jahrhunderts, als Papst Benedikt XIV. das Kolosseum dem Kult der Märtyrer weihte, hielt man an der Wiederverwendung antiken Baumaterials fest. Dann kümmerte sich die Regierung des Kirchenstaates um die Restaurierung des Kolosseums. Diesen Bemühungen verdankt das Amphitheater sein heutiges Aussehen.

6th century. During the Middle Ages, the Colosseum became a sort of quarry as its marbles were readily exploited for the construction of new buildings. In the 16th century, this sacking became universal practice. Many of Rome's historically famous Renaissance edifices, such as Palazzo Venezia and Palazzo della Cancelleria, owe their splendour to travertine blocks filched from the ancient ruin. This re-use of ancient building materials continued until the middle of the 18th century, when Pope Benedict XIV consecrated the Colosseum to the cult of the martyrs. From that moment onwards, the Government of the States of the Church concerned itself with its restoration and brought it back to the majestic incompleteness in which we see it today.

31.

32.

Ein weiteres Monument, das zu den repräsentativsten der antiken Stadt gehört, erhebt sich nahe dem Kolosseum. In der Renaissance ernannte man es gemeinsam mit einigen anderen zum Symbol der Antike. Die Rede ist vom Konstantinsbogen. Der größte Triumphbogen, der die Zeiten überdauert hat, wurde anlässlich des Sieges Kaiser Konstantins über Maxentius (312) errichtet und im Jahr 315 vollendet. Die Reliefs des Bogens stammen überwiegend von Bauten früherer Zeiten. Zur Zeit Konstantins gab es in Rom keine erfahrenen Handwerker, die ein Monument dieser Größe angemessen hätten verzieren können. Deshalb verwendete man Fragmente anderer Skulpturen wieder. Jahrhundertelang haben Scharen von Künstlern die Skulpturen des Bogens studiert und gezeichnet. Sie kamen nach Rom, um die Geheimnisse der Kunst von den Klassikern zu lernen.
Neben dem Konstantinsbogen befinden sich die Ruinen dessen, was einst vermutlich der größte Tempel der antiken Stadt war, der Tempel der Venus und der Roma. Kaiser Hadrian ließ das Heiligtum 135 nach seinen eigenen Entwürfen errichten. Es bestand aus zwei identischen Gebäuden, deren Apsiden Rücken an Rücken lagen. Der Teil, der der personifizierten Vergöttlichung Roms geweiht war, blickte auf das Kapitol, während der Teil der Venus mit seinem Säulenwald dem Kolosseum zugewandt war. Die Göttin Venus, Mutter des Äneas und Ahnin der Gens Julia, galt als die Ultima Ratio der Geburt Roms und des Kaiserreichs. Im 7. Jahrhundert ließ Papst Honorius I. die Bronzeziegel abtragen, die den gesamten Tempel bedeckten, und auf dem Dach der Peterskirche wieder einsetzen. Vom gesamten Komplex sind heute nur die Südseite und die beiden Absiden erhalten.

Another monument that is one of the most representative of the ancient city, and was adopted from the time of the Renaissance, together with a few other images as the symbol of antiquity itself, stands a stone's throw away from the Colosseum. This is the Arch of Constantine. The largest triumphal arch to have survived, it was erected in A.D. 315 to celebrate the emperor's defeat of Maxentius three years earlier. The bas-reliefs of which it is composed were to be studied and drawn for centuries by hosts of artists who came to Rome to learn the secrets of the arts from the ancients. What can be seen here, in fact, is a true anthology of sculptures, nearly of all of them from earlier periods. In Constantine's days, in fact, Rome no longer had any skilled workmen capable of decorating a monument of this size in a dignified manner, and it was necessary to adapt and recycle fragments of existing pieces of sculpture. Alongside Rome's largest triumphal arch stand the ruins of what must have been the ancient city's grandest temple, the Temple of Venus and Rome. It was erected by Hadrian in 135 to his own design. It was a double temple, in other words, one composed of two identical edifices with their apses back to back. The part dedicated to the divine personification of Rome faced the Capitol, while that sacred to Venus, the mother of Aeneas and progenitrix of the Gens Julia, and hence regarded as the *ultima ratio* of the birth of Rome and the Empire, with its forest of columns, looked out on the Colosseum. The bronze tiles that originally covered the whole of the temple were removed by Honorius I in the 7th century to be placed on the roof of the Basilica di San Pietro. All that now remains of this complex is the South side and two apses.

33.

Verräter und andere Schwerverbrecher wurden im alten Rom von einem Felsen auf dem Kapitol gestoßen, dem Tarpeia, benannt nach der Römerin, die als Erste auf diese Weise exekutiert wurde. Archäologen haben zweifelsfrei festgestellt, dass sich der Felsen an der Stelle befand, an der sich heute das Monument für Viktor Emanuel II. (Foto 43) erhebt, nicht in dem auf dem Foto dargestellten Gebiet. Ungeachtet dessen verläuft hier die Via di Monte Tarpeo und man wird kaum einen echten Römer davon überzeugen, dass dies nicht der Ort ist, an dem die unglückliche, korrupte Tarpeia den Preis für ihren Verrat bezahlte. Sie hatte der Sage nach den Sabinern durch eine Pforte des Kapitols Einlass gewährt. Der Glaube an diese Sage wird mit Billigung der Geschichte

It was the practice in ancient Rome to hurl traitors and other major criminals to their death from a rock on the Capitol, known as the «Tarpean» rock from the name of a girl who was the first to be executed in this way. The archaeologists have long made it clear that the rock in question was at the point where the monument to Victor Emmanuel II now stands (photo 43), and not the outcrop of tufa shown in the photograph. None the less, this is crossed by the road called Via di Monte Tarpeo, and it is indeed hard to convince any real Roman that this was not the place where the unhappy, venal Tarpea was made to pay the price for having been dazzled by a few trinkets into letting the Sabines enter the Capitol via a secret path. This belief, furthermore, is amply bol-

aufrechterhalten, denn unweit des so genannten Monte Tarpeo stellte man im Mittelalter die Galgen auf. 1385 verfügte ein gewisser Giordanello Alberini, ein verurteilter Krimineller, in seinem Testament, dass »ante furcas et locum justitiae« ein Bild der Madonna gemalt werden sollte. 1470 ereignete sich ein Wunder, als ein unschuldiger junger Mann von der Jungfrau vom Galgen gerettet wurde. Die Bruderschaft Santa Maria delle Grazie, die sich bisher um die Verehrung des Gemäldes gekümmert hatte, sammelte Almosen für die Errichtung einer Kirche auf dem Monte Tarpeo, die Santa Maria della Consolazione geweiht werden sollte. Im Lauf der Zeit erbaute man in der Nähe weitere Kapellen. Die Kirche selbst wurde derart vergrößert, dass man 1583 beschloss, eine weitere zu errichten. Giacomo della Porta entwarf das Gotteshaus, in das er Teile des Originalgebäudes integrierte. Martino Longhi der Ältere brachte die Arbeiten zum Abschluss. Die weiße Fassade erhebt sich vor den grünen Hängen des Kapitols und wirkt durch perfekte malerische und dramatische Effekte. Bis zum Architrav wurde das Gebäude von Longhi fertig gestellt, der obere Bereich blieb dagegen bis zum 19. Jahrhundert unvollendet.

stered by the fact that it was near this so-called Tarpean Rock that the city chose to erect its gallows during the Middle Ages. In 1385, a condemned criminal, one Giordanello Alberini, made provision in his will for a picture of the Madonna to be painted «ante furcas et locum justitiae». A miracle occurred in 1470 when an innocent young man was borne up by the Virgin as he hung on the rope. The Confraternity of Santa Maria delle Grazie, which had hitherto seen to the veneration of the picture, collected alms for the construction of a church dedicated to Santa Maria della Consolazione on the slope of Monte Tarpeo.
As time passed, other chapels sprang up nearby, and the church itself grew to such an extent that in 1583 it was decided to build another. This was designed by Giacomo della Porta and included part of the original edifice. The work was eventually completed by Martino Longhi the Elder. The white façade stands out from the green slopes of the Capitol and relies entirely on pictorial and scenic effects. It was taken to the architrave by Longhi himself, whereas the upper tier was not finished until the 19th century.

34.

Eingedenk des berühmten Sieges in der Schlacht bei Philippi gegen Brutus und Cassius ließ Augustus ein neues Forum erbauen, das heute teilweise unter den Kaiserforen verschüttet ist. Es wurde 2 v.Chr. eingeweiht und erstreckte sich vom Cäsarforum bis zur Suburra, von der es eine sehr hohe Mauer trennte. In der Mitte des neuen Forums erhob sich der Tempel des Mars Ultor, von dem das eindrucksvolle Fundament, Teile der Eingangstreppe und vier der acht korinthischen Fassadensäulen erhalten sind. »Ultor« bedeutet nicht zufällig »Rächer«, denn Augustus hatte mit der Schlacht Cäsars Tod gerächt. Das große Heiligtum wurde Sitz der Senatsversammlungen und ist, wie der Name des Kriegsgottes signalisiert, eng mit Kriegen und Triumphen verbunden. Im Tempel selbst bewahrte man unter anderem die feindlichen Kriegsinsignien auf, die man während der römischen Feldzüge erbeutet hatte.

To commemorate his defeat of Brutus and Cassius at Philippi in BC 42, Augustus laid out a new forum, now partly covered by Via dei Fori Imperiali. Inaugurated in BC 2, it extended from Caesar's forum to the Suburba (the street between the Caelius and the Esquiline Hills), from which it was separated by a very high wall. The temple of Mars Ultor (the «Avenger», since at Philippi Octavian and Anthony had avenged the assassination of Caesar) stood in the centre. Its base, part of the steps and four of the eight Corinthian columns of the façade have survived. It became the meeting place of the Senate on the occasion of wars and triumphs. Standards captured during Rome's campaigns were stored in the *cella.*

35.

36.

Das Gebiet, in dem sich der Janusbogen und die Kirche San Giorgio al Velabro befinden, spielt in der Geschichte Roms eine signifikante Rolle. Man vermutet, dass der Hirte Faustulus hier die Zwillinge gefunden hat, die von einer Wölfin gesäugt wurden. Die Bezeichnung »Velabro« bedeutet »Sumpfland« und weist darauf hin, dass das Gebiet in der Antike regelmäßig von den Fluten des Tiber überschwemmt wurde. Noch heute gehört dieser Bereich zu den am niedrigsten gelegenen Bezirken Roms. Der Janusbogen deutet darauf hin, dass sich die Geschäfte des Rindermarkts (Foro Boario) bis hierher erstreckten. Der Triumphbogen wurde in konstantinischer Zeit zum Teil aus Fragmenten anderer Monumente errichtet und diente einem bestimmten Zweck. Die »jani« waren überdachte Passagen an einer Kreuzung, die Personen, die den Markt besuchten, Einlass boten und sie schützten.
Die Kirche San Giorgio al Velabro gehört zu den vielen Heiligtümern, die die griechische Kolonie in Rom im Mittelalter zwischen dem Tiber und dem Palatin erbaute. Das Gebäude stammt aus dem 7. Jahrhundert und hat den Grundriss einer Basilika. Das Außenportal wurde später angefügt,

Tradition has it that the area in which the Arch of Janus and the mediaeval church of San Giorgio al Velabro are situated is full of significance in the history of Rome. It was here, in fact, that the shepherd Faustulus was supposed to have found the twins being suckled by the she-wolf. Leaving legends aside, the name Velabro, which means a marsh, shows that in ancient times this point was invaded by the flood-waters of the Tiber as far as the Palatine Hill. This is indeed still one of the lowest parts of Rome. The Arch of Janus none the less indicates that the commercial activity of the cattle-market (the Forum Boarium) extended this far. This four-fronted honorary arch was erected in Constantine's time and had a definite purpose. The «jani», in fact, were covered passages in a cross-roads and served to receive and shelter persons frequenting the market, rather like today's arcades. Being a relatively late work, it is partly made of fragments of other monuments. San Giorgio al Velabro, on the other hand, is one of the many churches that the Greek colony in Rome built between the Tiber and the Palatine in the Middle Ages. It has a basilican ground-plan and dates back to the 7th century. The outer porch was added later, perhaps in the

vielleicht im 9. Jahrhundert, der Kirchturm stammt aus dem 12. Jahrhundert. Im Innern findet man einige herrliche Fresken des 7. und 8. Jahrhunderts sowie ein Mosaik an der Kalotte der Apsis. Kritiker weisen das Werk Pietro Cavallini zu, dem berühmtesten Vertreter der Mosaikleger und Maler im Rom des 13. Jahrhunderts. Seine Kunst zeigt den Einfluss Cimabues und Giottos.

9th century, whereas the campanile was put up in the 12th century. The interior has some fine 7th- and 8th-century frescoes, and a mosaic in the calotte of the apse. This is attributed by the critics to Pietro Cavallini, the most outstanding representative of Rome's 13th-century mosaicists and painters, whose art displays the influence of Cimabue and Giotto.

37.

Rom ist eine eklektische Stadt. In der Nachbarschaft moderner Gebäude, antiker Ruinen, mittelalterlicher Türme und barocker Kirchen findet man sogar eine Pyramide. Eine, die in Ägypten kaum einen nachhaltigen Eindruck machen würde, aber imerhin. Caius Cestius Epulo ließ das Monument 12 v. Chr. erbauen. Der Prätor war begeistert von den Grabmalen der Pharaonen und wollte ein kleineres Modell für sich selbst errichten lassen. Die Pyramide ist 37 m hoch und hat eine Basis von 30 m. Im Innern findet man eine Sargkammer mit dekorativen Malereien und einer Gewölbedecke. Besucher waren und sind fasziniert von diesem ungewöhnlichen Monument. Das »Mirabilia urbis Romae« war ein Reiseführer für Pilger aus dem 12. Jahrhundert und liefert wichtige Informationen zu lokalen Traditionen im Mittelalter. Darin wird erklärt, dass die Pyramide die letzte Ruhestätte von Romulus und Remus sei, die ihr Grab so erbauen ließen, damit keine Hunde darüber laufen konnten. Selbst Petrarca hielt das Monument noch 300 Jahre später für die Grabstätte Remus'. Die Pyramide diente in der Vergangenheit jedoch nicht nur Legenden als Vorlage, sondern auch anderen Zwecken. Aufgrund ihrer Lage an einem strategisch wichtigen Verteidigungspunkt der Stadt machte Kaiser Aurelian sie zu einer Bastion der neuen Befestigungsmauer.
Auch die benachbarte Porta San Paolo wurde zur Zeit Aurelians errichtet. Sie führt von der Via Ostiense, deren Anfang sie markiert, zur Paulskirche. Das Tor in seiner heutigen Form mit den beiden runden, krenelierten Türmen ist das Ergebnis von Veränderungen, die mehr als ein Jahrhundert später unter Arkadios und Honorius vorgenommen wurden.

Rome is indeed an eclectic city. There is even a pyramid in the company of its modern buildings, ancient ruins, mediaeval towers, and Baroque churches. One that could hardly hope for more than a condescending smile in Egypt, but a pyramid for all that. It was set up in B.C. 11 by the praetor Caius Cestius Epulo, who was sufficiently taken with the tombs of the Pharaohs to want a small-scale model for himself. This is 37 metres high and has a 30-metre base. It is made of bricks clad with blocks of Carrara marble. The interior has a burial chamber with decorative paintings and a vaulted ceiling. Visitors have always been fascinated by this unusual monument. The «Mirabilia urbis Romae», a 12th-century vademecum for pilgrims and a mine of information concerning the local traditions current in the Middle Ages, declares that this is the burial place of Romulus and Remus, who had their tomb built this way so that dogs could not walk on it, while Petrarch was still pressing the claims of Remus three hundred years later. In addition to generating legends, however, the pyramid also found itself put to other uses in the past. Since it was located at what became a strategic point in the defence of the city, Aurelian made it a bastion in the new ring of walls he built around Rome. The Porta San Paolo nearby was also erected in Aurelian's time. Its name stems from the fact that the street of which it is the beginning, the Via Ostiense, leads to the Basilica of St. Paul. The gateway in its present form, with its two circular, crenellated towers, is the result of alterations made over a century later during the reign of Arcadius and Honorius.

38.

Im Lauf der Jahrhunderte sind unzählige Legenden um die Tiberinsel entstanden. Die älteste besagt, dass man nach der Vertreibung der Tarquinier riesige Mengen Kornabfälle in den Tiber warf und dass aus dem Schlamm, der an dem Korn klebte, die Insel entstand. Von Anfang an war sie ein Ort der Medizin und des Gebets. Hier errichtete man einen Äskulaptempel zu Ehren des Gottes der Heilkunde. Die Legende besagt, dass 292 v. Chr. ein Schiff aus Epidauros zurückkehrte, das man entsandt hatte, um das Orakel zu befragen, wie man der schrecklichen Seuche ein Ende bereiten könne, die die Bürger Roms dahinraffte. Auf dem Schiff befand sich eine Schlange, die man den Gesandten als Geschenk übergeben hatte und die Äskulap geweiht war. Sie glitt von Bord in den Tiber und nistete sich am Ufer der Insel ein. Ab diesem Zeitpunkt kamen die Kranken zu dem Tempel, um sich vor allem mit dem Wasser des Flusses behandeln zu lassen, dem man eine heilende Wirkung zuschrieb. Noch heute befindet sich auf der Insel eines der wichtigsten Krankenhäuser der Stadt, das San Giovanni Calibita oder Fatebenefratelli. Den Platz des einstigen Tempels hat die Kirche San Bartolomeo eingenommen. Sie wurde vor dem Jahr

Numerous legends have crystallised around the island in the Tiber over the course of the centuries. The most ancient legend relates that it was formed of the sludge that clung to the heaps of grain belonging to the Tarquins that the Romans threw into the river after they had driven them out of the city. From the earliest times, the island has been a place of medicine and prayer. Among other things, it was the site of the Temple of Aesculapius, the god of medicine and healing. It appears that in B.C. 292, on the return of a ship that had been sent to Epidaurus to ask the Oracle for advice on how to put an end to a terrible pestilence that was decimating the people of Rome, a snake sacred to the god, which had been presented to the ambassadors as a gift, slipped into the Tiber and nested on the banks of the island. From that time onwards, the temple became a place where the sick went to be treated, primarily with the waters of the river itself, which seem to have possessed healing properties in those days. The island is still the site of one of the city's most important hospitals, namely the San Giovanni Calibita or Fatebenefratelli Hospital. The place where the temple stood is now occupied by the church of San Bartolomeo all'Isola. This was

1000 gegründet. Nachdem eine Überschwemmung das Gotteshaus zerstört hatte, ließ Martino Longhi der Jüngere es im 17. Jahrhundert neu aufbauen.
Die regelmäßigen Hochwasser des Tiber zerstörten die erste Steinbrücke immer wieder, die die Römer 179 v. Chr. über den Fluss bauten. Die Überreste der heute als Ponte Rotto bekannten Brücke ragen noch immer aus den Fluten des Tiber.

founded before 1000 and completely rebuilt by Martino Longhi the Younger In the 17th century after it had been destroyed by a flood. The recurrent floodwaters of the Tiber have repeatedly damaged the first stone bridge over the Tiber erected by the Romans in B.C. 179 to replace the Pons Sublicius, the famous wooden footbridge defended by Horatius Cocles, when «...even the ranks of Tuscany/Could scarce forbear to cheer». Known as the «Broken Bridge», its remains still stand in the middle of the river.

◀ 0 | 90° | 180° | 270° | 315° ▶ 360°

39.

44.

45.

46.

47.

Das Kapitol war das Zentrum der religiösen und politischen Macht im alten Rom und bewahrte jahrhundertelang das städtische Erbe der Kunst. Stets hielt es an seiner religiösen, politischen und kulturellen Funktion fest und noch heute darf es, ohne zu zögern, als Herz Roms bezeichnet werden. Ein Herz, das jene erobern müssen, die die Stadt bestürmen, jedoch nicht mit Waffengewalt wie in der Vergangenheit, sondern mit Diplomatie. Der Monte Capitolino hat zwei Kuppen. Auf der nördlichen, auf der sich heute die Kirche Santa Maria in Ara Coeli erhebt, stand einst die Burg (Arx). Hier fand die Bevölkerung in Zeiten der Gefahr Zuflucht. Auf der südlichen Kuppe erhob sich der Tempel der kapitolinischen Göttertrias Jupiter, Juno und Minerva. Im Tal zwischen den beiden Kuppen, heute die Piazza del Campidoglio, befand sich das »Tabularium«, der Ort, an dem die Gesetzestafeln aufbewahrt wurden. Es war von Arkaden umgeben, die Götterstatuen zierten, und diente auch der Lagerung der Kriegsbeute. Das Ende des goldenen Zeitalter nahte, als die Bevölkerungszahl in Rom rapid zurückging und die Stadt im frühen Mittelalter den unverkennbaren Hauch des Untergangs spürte. Das Kapitol jedoch überlebte und war als Marktplatz mit Leben erfüllt. Hier waren Gilden und Vereinigungen zu Hause und hier spielte sich das öffentliche Leben ab. Ungeachtet der Atmosphäre des allgemeinen Niedergangs blieb das Kapitol in den Augen vieler ein symbolträchtiger Ort. Kaiser kamen ebenso hierher wie Poeten, um ihre Gold- oder Lorbeerkrone in Empfang zu nehmen. Im 16. Jahrhundert betraute Papst Paul III. Michelangelo mit der Restrukturierung des Platzes. Das alte Kapitol hatte auf die Foren geblickt, das neue ist der modernen Stadt zugewandt. Michelangelo erneuerte die Fassade des Senatorenpalasts aus dem 13. Jahrhundert und fügte die Zwillingstreppe an. Er lieferte außerdem die Gemälde für das Museum und den Konservatorenpalast, der den Platz des mittelalterlichen Palazzo delle Corporazioni einnahm. Im Hinblick auf die Erweiterung des Platzes dachte Michelangelo darüber nach, die Treppenstufen nach oben allmählich zu verbreitern und die beiden seitlichen Paläste schräg zum Senatorenpalast zu positionieren. Eine weitere Möglichkeit sah er darin, die Oberfläche des Platzes mit einem Motiv zu verzieren, das aus gebogenen Linien bestand, die sich rechtwinklig in einem Oval kreuzten, und in der Errichtung der beiden Dioskurenstatuen Castor und Pollux zu beiden Seiten der Treppe. Man hatte die spätimperialen Statuen kurz zuvor beim Aushub für die Synagoge freigelegt. Michelangelo verstarb, ehe das Werk vollendet war. Die Baumeister, die die Arbeiten abschlossen, hielten sich weitgehend an die Vorschläge ihres großen Vorgängers.
Die nahe gelegene Kirche Santa Maria in Ara Coeli steht an der Stelle, an der Sibylle Augustus, mit folgenden Worten die bevorstehende Ankunft des Gottessohnes offenbart haben soll: »Ecce ara primogeniti dei«. Die Kirche wurde in den ersten Jahrhunderten nach der offiziellen Anerkennung des Christentums errichtet (gemäß den Quellen 574) und war im Mittelalter Schauplatz

The Capitol was the repository of religious and political power in ancient Rome, and has sheltered the city's heritage of art for centuries. It has always maintained these religious, political and cultural functions in a coherent manner, and can still be truly called, the heart of Rome without hesitation. A heart that those who wish to assail the city must conquer, not by force of arms as in the past but by diplomacy. The Capitol itself is a hill with two summits. That to the North, where the church of the Ara Coeli now stands, was once known as the «Arx», in other words, the fortified citadel where the population gathered for protection in the event of an emergency, whereas that to the South was occupied by the Temple of Jupiter Capitolinus. The fold between these points, now Piazza del Campidoglio, was called the «Tabularium», i.e. the place where the «Tables of the Law» were deposited. It was surrounded by arcades that were decorated with the simulacra of divinities and also served to house the spoils of war. When this golden age came to an end, when Rome's population sharply declined and the city itself began to acquire the typical air of abandonment that haunted it throughout the early Middle Ages, the Capitol survived, teeming with life, as the marketplace, the home of the guilds and corporations. Furthermore, despite the atmosphere of general decadence, the Capitol retained in the eyes of many a symbolic meaning, so much so that emperors and poets wended their way to this very place to receive their crowns of gold or laurel. Finally, in the 16th century, Pope Paul III entrusted Michelangelo with the task of restructuring the piazza. Whereas the old Capitol had faced the Fora, the new, as we see it today, is linked to the modern city. Michelangelo rebuilt the façade of the 13th-century senatorial palazzo which stands on the ancient *tabularium*, and added its twin stairway. He also suppiied the drawings for the museum building and the Palazzo dei Conservatori, which took the place of the mediaeval Palazzo delle Corporazioni. With a view to broadening the square, he considered the idea of gradually widening the steps of the stairway towards the top and of setting the two lateral palazzi at an angle to that of the Senate. Another expedient was to design the surface of the piazza with a motif composed of rectangles curving within an oval and install on each side of the stairway the late imperial statues of Castor and Pollux that had recently come to light when the foundations were being laid for the synagogue. However, Michelangelo died before the work was completed. The other architects who brought it to conclusion did not remain entirely faithful to the concepts of their great predecessor, though it cannot be said that they swerved from his original ideas. The nearby church of Santa Maria in Ara Coeli stands in the place where the Sibyl is supposed to have revealed to Augustus the imminent descent of the Son of God with the words: «Ecce ara primogeniti dei». Erected in the early centuries of Christianity's official recognition (as early as 574 according to the sources), it was the scene of Rome's most significant civic upheavals during the Middle Ages. Many were the voices that rang within its walls, from that of

der bedeutendsten Umwälzungen in Rom. Viele bedeutende Stimmen erklangen innerhalb ihrer Mauern, von Karl von Anjou bis zu Cola di Rienzo. Mehr als einmal diente die Kirche als Forum, in dem sich das Volk versammelte und über Staatsangelegenheiten diskutierte. Am beeindruckendsten ist jedoch die Tatsache, dass sich das Kapitol selbst in der Ära des Christentums die religiöse Funktion bewahrte, die es seit Anbeginn der Geschichte Roms erfüllte. Santa Maria in Ara Coeli, eigentlich nur eine von vielen Kirchen der Stadt, hat einen besonderen Platz im Herzen der Römer, denn hier wird »Il Bambinello« aufbewahrt, ein Bild des Christuskindes. Es ist aus Holz geschnitzt, das aus dem Garten Gethsemane stammt, und die Römer sind ihm innig verbunden.

Charles of Anjou to that of Cola di Rienzo. On more than one occasion, in fact, the church was transformed into a veritable forum where people could gather to discuss the *res publica*. Yet its most important feature is the fact that it has continued the religious function the Capitol had enjoyed since the very beginning of Roman history into the Christian era. In this connection, it must be pointed out that in this city bursting with churches Santa Maria in Ara Coeli occupies a special place in the heart of the Romans, since it is the home of «Il Bambinello», an image of the Holy Child carved in wood from the garden of Gethsemane and very much the object of popular devotion.

◀ 0 | 90° | 180° | 270° | 315° | ▶ 360°

42.

Wie das Bühnenbild eines großen Theaters wirkt die Kirche der Trinità dei Monti aus dem 16. Jahrhundert mit ihren beiden Glockentürmen und dem Obelisken im Vordergrund. Die besten Zuschauerplätze findet man auf der Piazza di Spagna. Die berühmte Rokokotreppe zieht die Aufmerksamkeit des Besuchers auf sich. Zwischen 1723 und 1726 errichtete der Architekt Francesco de Sanctis die Spanische Treppe, die seither über den Platz wacht. Zunächst war sie Treffpunkt für die Reichen und Schönen, vor allem aber für die Künstler, die nach Schönheiten vom Lande in der Tracht des Latium Ausschau hielten oder nach anderen Modellen, die bereit waren, für ein Porträt zu posieren. Heute zieht die Spanische Treppe Touristen aus aller Welt an. Azaleen, die die Stadt im Frühjahr aufstellt, und die Straßenhändler, die Souvenirs und Lederwaren verkaufen, verwandeln die Piazza in eine farbenfrohe Kulisse. Eine weitere Attraktion der Piazza di Spagna ist der Barcaccia-Brunnen (1623) von Pietro Bernini und dessen Sohn Gian Lorenzo. Papst Urban VIII. hatte das Werk in Erinnerung an die große Überschwemmung im Jahr 1598 in Auftrag gegeben, während der man den Platz mit dem Boot erreichen konnte. Der Brunnen hat die Form eines großen untergehenden Bootes. Damit dieser Effekt erzielt werden kann, muss der Wasserstand des Brunnens sehr niedrig sein. Die Berninis lösten das Problem, indem sie das Brunnenbecken in Bodennähe platzierten und auf vertikale Fontänen verzichteten. Der Barcaccia-Brunnen ist der erste der vielen bewundernswerten Brunnen der Berninis, die die Plätze Roms beleben.

The façade of the 16th-century church of Trinità dei Monti, with its two campaniles and the obelisk in front, is rather like the stage of a grand theatre, with the Piazza di Spagna providing the best view. The visitor's eye is caught by the well-known Rococo steps. Built by the 18-th century architect Francesco De Sanctis, they have guarded the Piazza ever since. At first, the favourite rendezvous for the *bel monde* and, above all, artists looking for a beautiful woman dressed in the Latium costume or some other model ready to pose for a portrait, today the Spanish steps are visited by tourists from all nations, while colour and movement are also provided by both the well-known array of azaleas the Municipality installs in springtime, and the mats on which the sellers of knick-knacks and leather goods display their wares. Another attractive feature of Piazza di Spagna is the Barcaccia fountain commissioned by Pope Urban from Pietro Bernini and his son Gianlorenzo in 1623 to commemorate the great flood of 1598, when it was possible to reach the square by boat. The fountain, in fact, is in the form of a large sinking boat. Since the level of the water that was to supply the fountain in this spot was very low, the Berninis solved the problem by placing the basin of the fountain almost at ground level and making do without vertical jets. This was to be the first of the many admirable Bernini fountains that enliven Rome's piazzas.

◀ 0 | 90° | 180° | 270° | 315° | ▶ 360°

41.

Der monumentale Komplex, der die Trajansmärkte, die Torre delle Milizie und die Loggia der Cavalieri di Rodi (Rhodeser-Ritter) umfasst, verkörpert drei unterschiedliche Aspekte, die Rom im Lauf der Jahrhunderte geprägt haben. Selbst die Ruinen des Trajansforums zeugen von dem Glanz des kaiserlichen Roms und dem Genie seiner Baumeister, die komplizierte statische Probleme auf einfache Weise zu lösen verstanden. In diesem Fall ging es darum, genügend Raum für das grandiose Projekt zu schaffen, das Trajan in Auftrag gegeben hatte. Apollodor aus Damaskus ließ einen Ausläufer des Quirinal einebnen, der den gesamten Bereich bedeckte, den er benötigte. An den Seiten des Forums platzierte er zwei Exedren, die aufgrund ihrer konvexen Form dem Erdschub standhielten.

Neben diesem verschwenderischen System freier Plätze, Ausdruck eines Zeitalters, das seine Glorie und seine Überlegenheit zur Schau stellen wollte, erhebt sich die Torre delle Milizie, Symbol der mittelalterlichen Stadt, deren Hauptanliegen die eigene Verteidigung war. Die Römer nennen den Turm noch heute »Torre di Nerone«, in der anachronistischen Sehnsucht danach, dass dies der Ort ist, von dem aus Kaiser Nero den Großbrand beobachtete, der Rom im Jahr 64 zerstörte. Tatsächlich wurde der Turm jedoch erst im 13. Jahrhundert erbaut und stieg rasch zur mächtigsten Festung der umliegenden Hügel auf. Ein Erdbeben, das die Stadt im Jahr 1349 erschütterte, kostete dem Monument ein Stockwerk. Außerdem ist es leicht schief, da seine Fundamente, die auf den Überresten antiker Strukturen ruhen, nicht allzu stabil sind.

Die Loggia des Casa dei Cavalieri di Rodi aus dem 15. Jahrhundert zeigt ein neues räumliches Konzept und repräsentiert eine blühende Stadt, die mit der Renaissance neue Wege einschlug.

The monumental complex comprising Trajan's markets, the Torre delle Milizie, and the loggia of the Knights of Rhodes provides a veritable resumé of three different aspects that Rome has worn during the course of the centuries. Even through its ruins, the exhedra of Trajan's Forum bears witness to the grandeur of Imperial Rome and the ingeniousness of its architects, who were capable of finding simple solutions to complicated problems of statics. In the case in point, it was the need to create a sufficient space for the grandiose project Trajan had called for that led Apollodorus of Damascus to level out a branch of the Quirinal that occupied the whole of the area he needed, and place at the sides of his Fora two exhedrae, whose convex shape enabled them to take the thrust of the soil. Right alongside this sumptuous system of open spaces, the expression of an age all set to make a fine show of its glory and supremacy, there stands the rugged Torre delle Milizie, the symbol of the mediaeval city, whose overriding concern was with its own defence. Still known as «Nero's Tower» by the Romans in an anachronistic longing to see it as the place from which the emperor watched the fire that destroyed Rome in A.D. 64, it was actually built in the 13th century, and quickly became the most powerful of the fortresses on the hills around. We see it today shorn of one storey by the earthquake that struck the city in 1349, and slightly askew on account of the precariousness of its foundations, which rest on the remains of ancient structures. The 15th-century loggia of the House of the Cavaliers of Rhodes, on the other hand, is a fine illustration of a new conception of space, and of a city that flourished and set out on a new life with the advent of the Renaissance.

43.

In Erinnerung an seinen im Alter von 19 Jahren verstorbenen Enkel Marcellus ließ Kaiser Augustus 23 v.Chr. ein großes Theater auf dem Marsfeld erbauen, denn nach seinem Wunsch hätte Marcellus sein Nachfolger werden sollen. Doch das Prinzipat fiel dann Tiberius zu. Im 13. Jahrhundert machte die Familie Savelli aus dem bereits verfallenden Theater eine Festung und 300 Jahre später baute es die Familie Orsini in einen prachtvollen Palast um, dessen Formen sich an das Originalbauwerk anlehnen. Zur antiken Struktur gehören die beiden Arkaden, die das aufstrebende Element der Fassade darstellen.

In B.C. 23, Augustus erected a large theatre in the Campus Martius dedicated to the memory of his nephew, Marcellus, who died aged only 19 and had been chosen as the next Princeps rather than Tiberius. In the 13th century the ruins of the theatre were converted into a fortress by the Savelli family, and three hundred years later the Orsins transformed this into a palace resembling the original building, which is still represented by the two orders of arches in the façade.

48.

Der Ponte Fabricio, auch bekannt als Ponte Quattro Capi verbindet die Tiberinsel mit dem linken Flussufer. Konsul Lucius Fabricius ließ die Brücke 62 v. Chr. erbauen. Sie ist die älteste Brücke, die aus der Antike erhalten ist. Zwei Gründe sprechen für die Bezeichnung »Quattro Capi«. Der Ponte Cestio, der die Insel mit dem linken Tiberufer verbindet, war vielleicht als Fortsetzung des ersten gedacht, von dem man annahm, er habe einen Kopf an jedem Ufer und einen weiteren auf jeder Seite der Insel. Diese eher banale und prosaische Erklärung muss sich jedoch zugunsten einer weitaus populäreren Geschichte verabschieden, die sich hinter zwei viergesichtigen Hermen am Anfang der Brücke verbirgt. Papst Sixtus V. ließ sie bei Instandsetzungsarbeiten der Brücke errichten. Offensichtlich waren die vier Baumeister, die man mit den Reparaturarbeiten betraut hatte, extrem streitsüchtig und ihre endlosen Auseinandersetzungen schockierten ganz Rom. Der Papst wartete, bis die Arbeiten beendet waren, und ließ die Baumeister anschließend köpfen. Das Urteil wurde auf der Brücke vollstreckt. Der Papst wollte jedoch zeigen, dass er die Qualität der Arbeiten zu schätzen wusste: deshalb die beiden Pfeiler mit den »quattro capi«.

The Pons Fabricius, also called the «Bridge of the Four Heads», links the island in the Tiber with the left bank of the river, and is the oldest bridge to have survived from the days of ancient Rome. It was built by the consul Lucius Fabricius in B.C. 62. Two reasons are given for its other name. The Pons Cestius connecting the island to the right bank of the Tiber may have been regarded as the continuation of the first, which thus came to be thought of as having one head on each bank and another one on each side of the island. This rather mundane and prosaic explanation, however, must surely take second place in favour of the much more colourful story that lies behind two four-faced herms at the start of the bridge. These were set up by Sixtus V when it was repaired. It seems that the four architects entrusted with the repairs were extremely quarrelsome and their endless altercations scandalised the whole of Rome. The pope waited until the work was finished and then ordered their heads to be chopped off, a sentence that was duly executed on the bridge itself. Later, however, he wished to show that he nevertheless recognised the quality of their work. Hence the two pillars with their «four heads».

49.

50.

51.

Die Piazza della Bocca della Verità und die mittelalterliche Kirche Santa Maria in Cosmedin liegen inmitten eines archäologischen Szenarios, das aus alten Tempeln besteht. In der Antike befand sich hier ein bedeutendes Handelszentrum, das an einem der meist frequentierten Anlegestellen des Flusses lag. Die vielen Tempel scheinen darauf hinzudeuten, dass man Wert darauf legte, jenen, die hier ankamen, ein angenehmes Bild von der Stadt zu bieten. Im Mittelalter etablierte sich hier und entlang des Landstreifens zwischen dem Tiber und dem Palatin eine griechische Kolonie. Die zahlreichen Kirchen, die sie errichten ließ, tragen die Namen östlicher Heiliger. Am typischsten ist die Kirche Santa Maria in Cosmedin. Sie wurde im 7. Jahrhundert über den Ruinen eines Tempels aus Tuff errichtet, der Ara Maxima des Herkules. Ihr heutiges Aussehen erhielt sie im 12. Jahrhundert. Die beiden Tempel, die sich vor dem Gotteshaus erheben, wurden nicht zerstört, da sie bis ins 19. Jahrhundert als Kirchen genutzt wurden. Der runde Vestatempel, der im 2. Jahrhundert v. Chr. erbaut wurde und vermutlich Hercules Olivarius geweiht war, verdankt seinen Namen der Ähnlichkeit mit einem Heiligtum auf dem Forum, das tatsächlich der Vesta geweiht war. Der Tempel der Fortuna virilis entstand zur Zeit der Republik, war jedoch tatsächlich Portunus geweiht, dem Gott der Eingangstüren.

Der Name des Platzes leitet sich von einer großen Steinmaske ab, der Bocca della Verità (Mund der Wahrheit). Sie diente ursprünglich vielleicht als Abdeckung für einen Brunnen oder einen Arm der Cloaca Maxima. 1632 brachte man die Maske in das Atrium der Kirche. Ihr Ruhm gründet sich auf die Legende, dass einem Lügner die Hand abgetrennt wird, wenn er sie in den Mund der Maske legt.

Piazza della Bocca della Verità, together with the mediaeval church of Santa Maria in Cosmedin set in an archeological scenario composed of ancient temples, provides an unusual spectacle. In antiquity, this was a great trading area, situated as it was near the most frequently used river landing-places. The presence of so many temples suggests that thought was given to providing those arriving by river an attractive picture of the city. During the Middle Ages, a Greek colony was established both here and all along the strip of land between the Tiber and the Palatine, and the numerous churches it erected bore the names of Eastern saints. The most representative of these is Santa Maria in Cosmedin. First erected in the 7th century on the ruins of a tufa temple identified as the Ara Maxima of Hercules, it still wears the appearance it was given in the 12th century. The two temples in front of it escaped destruction because they continued to be used as churches until the 19th century. The circular temple, commonly called the «Temple of Vesta» on account of its resemblance to one in the Forum that was indeed consecrated to the goddess, was built in the 2nd century B.C. and in all probability dedicated to Hercules Olivarius, the protector of oil merchants. The other temple is usually referred to as the «Fortunae Virilis Temple». It, too, was built during the Republic and was really the Temple of Portunus, the god of doors. The name of the piazza itself is derived from the large stone mask known as «The Mouth of Truth». This probably started life as the cover a well or a branch of the Cloaca Maxima (main drain), and was brought to the porch of the church in 1632. Its fame rests on the legend that if a liar puts his hand into the mouth, it will be severed.

52. 

Die Hügel Roms bergen so manches Plätzchen, von dem aus die Stadt vom Besucher Bewunderung verlangt. Einer dieser Orte ist das Parapett im Parco Savello am Ende des Aventin, der auch als Garten der Orangenbäume bekannt ist, deren Duft die Umgebung erfüllt. Das Schloss der Savelli befand sich im 12. Jahrhundert in der Nähe und seine zinnenbewehrten Mauern umfassen noch heute einen Teil des Parks. Die Dominikaner der Kirche Santa Sabina zähmten den rauen Hügel, indem sie ihn in den Gemüsegarten ihres Klosters verwandelten und zu einem geeigneten Ort des Studiums und der Kontemplation machten. Der Park ist eine grüne Oase, eine der ruhigsten und abgeschiedensten in Rom, und bietet eine der schönsten Aussichten über die Stadt. Von hier aus sieht man das silberne Band des Tiber, das sich um die gleichnamige Insel windet, das Foro Boario und die antiken Tempel sowie auf dem anderen Ufer die Häuser, Türme und romanischen Kampanile von Trastevere. Michelangelos imposante Kuppel der Peterskirche überragt die vielen anderen Kuppeldächer, die über das Panorama Roms verstreut sind. Rechts kann man die Kuppeln von San Carlo ai Catinari, Sant'Andrea della Valle und Sant'Agnese in Agone erblicken, auch wenn sie sich überlappen. Die Zypressen der Villa Sciarra, das Profil des Monte Mario und des Janiculum mit dem Monument für Garibaldi und dem Leuchtturm sind im Hintergrund zu erkennen. Weniger weit entfernt schaut man auf die Torre del Campidoglio, die Torre delle Milizie und die Quadrigen des Monuments für Viktor Emanuel II.

The heights of Rome conceal some special places from which the city appeals to our admiration. One of these is the parapet of Savello Park at the end of the Aventine, also known as the garden of the orange-trees, whose perfume fills its grounds. The castle of the Savelli family stood nearby in the 12th century and its battlemented walls still enclose part of the park. The Dominicans of Santa Sabina softened the warlike slope of the hill by making it the convent's vegetable garden, and an ideal place for study and contemplation. The park has remained a delightful green area, one of the quietest and most secluded in Rome, and offers one of the finest views of the city. From here, you can see the silver thread of the Tiber winding around the island of the same name, the Foro Boario and the ancient temples, and, on the other bank, the houses, towers and Romanesque campaniles of the Trastevere quarter. Michelangelo's great dome of St. Peter's lords it over the sea of other cupolas that form part of the Roman skyline. On the right, one can distinguish, even though they almost overlap each other, the domes of San Carlo ai Catinari, Sant'Andrea della Valle, and Santa Agnese in Agone. The cypresses of Villa Sciarra, the profile of Monte Mario and the Janiculum, with the monument to Garibaldi and the Beacon, can be seen in the background. Closer at hand there are the Torre del Campidoglio, the Torre delle Milizie, and the quadrigae of the Victor Emmanuel monument.

◀ 0 | 90° | 180° | 270° | 315° | ▶ 360°

53. 

Jahrhundertelang erreichte man Rom vom Norden aus entlang der Via Flaminia über die Piazza del Popolo. Noch im Mittelalter erfüllte sie diese Funktion. Im 16. Jahrhundert ließ Papst Sixtus V. einen der Obelisken aus dem Circus Maximus als offizielle Anerkennung der bedeutenden Rolle des Platzes hier aufstellen. Der Papst wollte alle wichtigen Verkehrsknotenpunkte der Stadt mit Obelisken markieren. 1818 fügte Giuseppe Valadier die Löwen am Fuße des Obelisken hinzu, als er die Piazza in neoklassizistischem Stil umgestaltete. Von der Terrasse des Pincio, der zur Zeit Napoleons angelegt wurde, hat man den besten Blick auf den Platz.

Piazza del Popolo is the gateway to Rome. For centuries, it has received those entering the city from the north along the Via Flaminia. This function persisted throughout the Middle Ages. In the 16th century, Sixtus V erected one of the obelisks from the Circus Maximus there in official recognition of this important role, since his idea was to use obelisks to indicate the city's essential traffic nodes. The lions at the foot of the obelisk were added by Valadier in 1818 when he redesigned the Piazza in the Neoclassical style. The Piazza can be seen at its best by looking down from the terrace of the Pincian, which was also erected during the Napoleonic period.

54.

Die schmollende, aber kongeniale Maske an der Befestigungsmauer des Parco Savello auf der Piazza Pietro d'Illiria wurde von einem Brunnen hierher verlegt, der sich am Campo Vaccino befand, wie das Forum Romanum einst auch genannt wurde. Giacomo della Porta hatte den Brunnen entworfen und 1953 zwischen der Statue des Flussgottes Marforio, dem Severusbogen und den Ruinen des Dioskurentempels aufgestellt. Das Anfertigen der Maske überließ della Porta einem berühmten Steinmetz, den er anwies, eine »elegante Arbeit in weißem Marmor« zu schaffen. Der Mund spie Wasser in ein breites Becken aus rotem Porphyr, das ein zeitgenössischer Chronist folgendermaßen beschreibt: »... ein großes Granitbecken, das jetzt als Brunnen fungiert und inmitten des Forum Romanum steht; es dient als Tränke für die Tiere, die auf den Markt geführt werden«. Seiner Funktion als Viehmarkt verdankt das Forum die Bezeichnung Campo Vaccino. 1818 beschloss man, das Becken auf der Piazza Quirinale aufzustellen.

The pouting, yet congenial mask on the boundary wall of Savello Park in Piazza Pietro d'Illiria was transferred here at the beginning of this century from a fountain that used to stand in Campo Vaccino, as the Forum Romanum was once called. This fountain was designed by Giacomo della Porta and set up between the Marforio Statue, the Arch of Septimius Severus, and the ruins of the Temple of Castor and Pollux in 1593. The fashioning of the mask Della Porta entrusted to a well-known stonemason with instructions to produce a «genteel work in white marble». It spouted water over a wide basin made of red porphyry, described by a contemporary chronicler as «A great granite bowl that now serves as a fountain, and stands in the middle of the Forum Romanum; it is used to water the animals brought to market in that place». The name «Campo Vaccino» was thus derived from the use of the old Forum as a cattle market. This ancient basin was eventually promoted to a higher status in 1818 when it was chosen to decorate Piazza Quirinale.

55.

56.

Lässt man die Stadt hinter sich und geht die Via Appia entlang, überschreitet man die Grenzen der Zeit und wird zum Pilger, der in die Vergangenheit reist. Doch die Geschichte, an die man sich auf dieser 312 v. Chr. angelegten Straße erinnert, bezieht sich nicht nur auf die antike Stadt der Römer. Vor dem geistigen Auge erscheinen die Landschaftsbilder von Poussin und Lorrain, die Stiche von Giovanni Battista Piranesi oder die düsteren Darstellungen mit lauernden Räubern und dunklen Gewitterwolken, die den Romantikern so teuer waren. Die Via Appia hat stets die Imagination von Dichtern und Künstlern beflügelt, von Statius, der die Straße »regina viarum« nannte, bis zu Goethe, der sie zur Hauptdarstellerin in der melancholischen Illusion einer vergangenen, jedoch noch immer Furcht einflößend beeindruckenden Welt machte. Grund dafür ist zweifellos die Abgeschiedenheit, in der man ihre Überreste findet, versunken im Grün der ländlichen Gegend, die sie selbst heute noch vor den Klauen spekulativer Bauunternehmer verschont, jedenfalls für den Moment und in einem bestimmten Abschnitt. Inmitten dieser einzigartigen Parade aus Kirchen, Friedhöfen, Katakomben und stattlichen alten wie modernen Villen sind Faszination und Mysterium erhalten, weil Heiligtümer nicht entweiht wurden und die Natur intakt blieb. Hier lebt die fromme Tradition des »Domine, quo vadis?« fort, unsterblich gemacht in der kleinen Kirche, die an jenem Ort errichtet wurde, an dem Christus Petrus erschien. Der Apostel war aus dem Carcer Mamertinus geflohen, um der Christenverfolgung zu entgehen, die Nero veranlasst hatte, und der Herr ermahnte ihn, zurückzukehren.
Das bekannteste und beliebteste Monument an der Via Appia ist zweifellos das Grabmal der Caecilia Metella. Der Rundbau besteht aus Granitblöcken und ist mit einem Fries aus Bukranien und Girlanden verziert. Im Mittelalter kam es hier, an einer der Straßen, die Zugang zur Stadt gewährten, zu blutigen Auseinandersetzungen zwischen führenden römischen Familien, denen das Monument als Burg diente, eine Funktion die es 1435 verlor, als man es aufgab. Ab diesem Zeitpunkt war es Unterkunft für Truppen, die auf die Stadt vorrückten, und vielleicht Unterschlupf für Banditen. 1589 forderte der römische Senat unter dem Pontifikat Sixtus V. die Zerstörung des Bauwerks. Der Intervention eines Senators ist es zu verdanken, dass dieser Vorschlag verworfen wurde. Er machte die unzureichende Geschichtskenntnis seiner Kollegen wett und zügelte deren Stupidität. Von der Burg selbst ist nicht viel mehr erhalten als das ursprüngliche Grab. Die Fantasie muss sich mit den wenigen Ruinen entlang der Straße zufrieden geben.

When you leave the city behind and pass along the Appian Way, you step outside the boundaries of time and become a pilgrim travelling into the past. Yet the history that comes to mind is not solely that of the ancient city of the Romans, which the road was built to serve in B.C. 312. There are echoes of the pastoral scenes captured by Poussin and Lorrain, for example, and engraved by Giovan Battista Piranesi. Or the gloomy depictions so dear to the Romanticists, with lurking brigands and lowering thunder clouds. From Statius, who called it the «regina viarum», to Goethe who cast it as the leading actor in the melancholy illusion of a world departed, yet still awesomely great, the Appian Way has always caught the imagination of artists and poets. The reason most certainly stems from the very isolation of its ruins, immersed in the greenery of the Roman countryside, spared, even today, from the clutches of the speculative builder, at least for the moment and for a certain part of its length. And then, in this singular parade of churches, burial grounds, catacombs, and stately villas, both ancient and modern, all the fascination and the mystery remain because what is sacred has not been profaned, and what there is of nature has been left intact. Here, indeed, the pious tradition of the «Domine, quo vadis?» still persists, immortalised in the little church of the same name erected on the spot where Christ appeared to St. Peter, who had fled from the Mamertine prison to escape the persecution of the Christians instigated by Nero, and exhorted him to retrace his steps. Yet by far the best-known, the most painted, and the best-loved monument on the Appian Way is undoubtedly the Tomb of Caecilia Metella, a tower-shaped, cylindrical sepulchre made of blocks of granite and decorated with a frieze composed of carved bucrania and garlands. During the Middle Ages, its strategic position on one of the roads giving access to the city made it the scene of the bloody struggles between the leading Roman families, by whom it was converted into a castle, a function that it lost in 1435, when it was completely abandoned. From then on, however, it became a bivouac for troops marching towards the city, and perhaps a den of miscreants, so much so, indeed, that the Roman Senate its total demolition actually voted for in 1589, during the papacy of Sixtus V. Luckily, this absurd decision was overruled through the intervention of a senator, who was able to make up for the rudimentary awareness of history displayed by his colleagues and curb their stupidity. All that remains of the castle itself, however, is little more than what was the original tomb. Our imagination must be content with the few ruins left along the roadside.

57.

Rom ist wie eine Matroschka. Es ist keine Stadt, sondern ein Katalog aus Masken, die aufeinander folgen, jede verneint die vorherige, alle sind miteinander verwoben. Nichts scheint jemals dasselbe zu sein wie vorher. Darin liegt das Geheimnis: Rom wiederholt sich nicht. Über einen klaren Himmel bricht unvermittelt, ohne Dämmerung der Abend herein, von dem nur das ferne Feuer der Sonne kündet, die hinter der imposanten Kuppel der Peterskirche untergeht. Dann wird der Tiber zum Treffpunkt für Verliebte. Wie immer ist es der Fluss, der die Geschichte der Stadt erzählt. Zwischen Sonnenuntergang und dem Aufflammen der Lichter kommt es zu einem Intermezzo, währenddem Rom sich erneut verändert und zu einem regelrechten Relief seiner selbst wird. Jetzt ist der Zeitpunkt gekommen, die Regeln für das Spiel festzulegen, das jeder Besucher in seiner endlosen Suggestion spielt.

Rome can be likened to a set of Chinese boxes. It is not a city, but a catalogue of masks that follow one after another, each denying the last, all intermeshed with each other. Turn around a single corner, and nothing seems to be the same as before. Here, indeed, lies the secret. Rome never repeats itself. When the sky is sparklingly clear, the evening descends suddenly, unmediated by a twilight, heralded solely by the distant fire of the dying sun behind the great dome of St. Peter's. Then, the Tiber becomes the lure for lovers. As always, it is the river that tells the city's history. Between dusk and the lighting of the lamps, there is an intermezzo, during which Rome makes yet another change and becomes a full-scale relief model of itself. And it is then that the rules of the game are established which each visitor will play in the garnering of its endless suggestions.

58.

Die Römer lieben den Engel, der über dem Castello Sant'Angelo sein Schwert in die Scheide steckt. Die Statue erinnert an das Ende einer Seuche, die im 6. Jahrhundert zahllose Todesopfer forderte. Es wird erzählt, dass Papst Gregor der Große bei seiner Rückkehr von einer Prozession, während der man göttlichen Beistand gegen die Plage erfleht hatte, seine Augen auf die Engelsburg gerichtet und einen Engel erblickt habe, der sein blankes Schwert langsam zurück in die Scheide steckte. Die Epidemie hatte plötzlich ein Ende und man errichtete zum Gedenken an das Ereignis eine Statue. Die Skulptur, die man heute bewundern kann, besteht aus Bronze und wurde Mitte des 18. Jahrhunderts errichtet. Sie ist das Werk des flämischen Künstlers Peter Anton von Verschaffelt und unterscheidet sich stark von der vorhergehenden, einer Marmorstatue des Renaissancebildhauers Raffaello da Montelupo. Sein Werk steht heute in einem der Höfe der Burg. Es gab jedoch vier weitere Versionen: Die erste Statue bestand aus Holz und verrottete. Die zweite war aus Marmor gefertigt und stürzte herunter, die dritte hatte Bronzeflügel und wurde vom Blitz getroffen und die vierte schmolz man 1527 (Sacco di Roma) ein, weil man Waffen brauchte. So wacht seit Jahrhunderten der eine oder andere Engel mit schützendem Auge über die Ewige Stadt.

The Angel sheathing his sword on top of the Castello Sant'Angelo is an image dear to the Romans. The statue commemorates the end of a pestilence that reaped scores of victims in the 6th century A.D. The story goes that Pope Gregory the Great, on returning from a procession that had been held to call for divine assistance against the scourge, raised his eyes towards the fortress and saw an angel slowly returning his naked sword to its sheath. The epidemic suddenly came to an end, and a statue was erected in memory of the event. The one we see today is made of bronze and was set up in the middle of the 18th century. The work of a Flemish artist, Pieter van Varschaeffelt, it is very different from its predecessor, a marble statue by the Renaissance sculptor Raffaello da Montelupo that now stands in one of the courtyards of the Castle. There were four earlier versions: the first was made of wood and simply wore away, the second was made of marble and fell off, the third had bronze wings and was blasted off by a thunderbolt, and the fourth was melted down to make arms during the sack of Rome (1527). And so, in one form or another, an Angel has been there for centuries to cast a benevolent, protective eye over the Eternal City.